400 JUEGOS Y EJERCICIOS DE IMAGEN Y PERCEPCIÓN CORPORAL

Javier Alberto Bernal Ruiz
Antonio Wanceulen Moreno
José Fco. Wanceulen Moreno

©Copyright: Los Autores

©Copyright: De la presente Edición, Año 2018 WANCEULEN EDITORIAL

Título: 400 JUEGOS Y EJERCICIOS DE IMAGEN Y PERCEPCIÓN CORPORAL

Autores: JAVIER ALBERTO BERNAL RUIZ, ANTONIO WANCEULEN MORENO y JOSÉ FRANCISCO WANCEULEN MORENO

Editorial: WANCEULEN EDITORIAL

Sello Editorial: WANCEULEN EDITORIAL DEPORTIVA

ISBN (Papel): 978-84-9993-978-0

ISBN (Ebook): 978-84-9993-979-7

Impreso en España. 2018

WANCEULEN S.L.

C/ Cristo del Desamparo y Abandono, 56 - 41006 Sevilla

Dirección web: www.wanceuleneditorial.com y www.wanceulen.com

Email: info@wanceuleneditorial.com

Reservados todos los derechos. Queda prohibido reproducir, almacenar en sistemas de recuperación de la información y transmitir parte alguna de esta publicación, cualquiera que sea el medio empleado (electrónico, mecánico, fotocopia, impresión, grabación, etc.), sin el permiso de los titulares de los derechos de propiedad intelectual. Cualquier forma de reproducción, distribución, comunicación pública o transformación de esta obra solo puede ser realizada con la autorización de sus titulares, salvo excepción prevista por la ley. Diríjase a CEDRO (Centro Español de Derechos Reprográficos, www.cedro.org) si necesita fotocopiar o escanear algún fragmento de esta obra.

ÍNDICE

- Introducción 7

- 100 JUEGOS Y EJERCICIOS DE IMAGEN Y PERCEPCIÓN CORPORAL
  PARA NIÑOS DE 10 A 12 AÑOS 7

- 100 JUEGOS Y EJERCICIOS DE IMAGEN Y PERCEPCIÓN CORPORAL
  PARA NIÑOS DE 8 A 10 AÑOS 63

- 100 JUEGOS Y EJERCICIOS DE IMAGEN Y PERCEPCIÓN CORPORAL
  PARA NIÑOS DE 6 A 8 AÑOS 115

- 100 JUEGOS Y EJERCICIOS DE IMAGEN Y PERCEPCIÓN CORPORAL
  PARA NIÑOS DE 3 A 6 AÑOS 169

Introducción

La percepción del propio cuerpo así como la percepción del entorno que nos rodea resulta esencial para poder alcanzar el éxito en nuestras respuestas motrices. Estos dos aspectos forman parte de lo que denominamos capacidades perceptivo-motrices, es decir, la capacidad de coordinar la información proveniente de los sentidos con el propio movimiento.

Responder a un estímulo supone mucho más que la propia ejecución de un movimiento, depende además de múltiples factores como son el momento de desarrollo de la propia imagen corporal del alumno y la percepción que este haga de su propio cuerpo, la percepción espacial, la percepción temporal, y la percepción espacio-temporal.

En este título les ofrecemos un variado repertorio de juegos para trabajar específicamente la imagen y la percepción corporal con sus alumnos.

Concepto

La percepción que tienen nuestros alumnos de su propio cuerpo comienza a estructurarse en los primeros años de vida, quedando prácticamente definida hacia los 12 años, siempre que se haya estimulado de forma correcta su desarrollo. Esta imagen que se debe hacer sobre sí mismo, también llamada esquema corporal, debe facilitarle el conocimiento automático de su estado postural, ya sea de forma estática o dinámica, así como la relación que pueda establecerse entre sus segmentos corporales o entre estos y el entorno en el que actúa. De este modo, las tres áreas sobre las que actúa directamente la percepción corporal serían:

- Conocimiento del propio cuerpo: en cuanto a estructuración física en la que se comienza aprendiendo cuáles son las partes más grandes del cuerpo y más tarde se disocian los segmentos (respondería a ¿qué segmentos es...?).

- Funcionamiento de las partes del cuerpo: como medio para posibilitar nuevas experiencias de interactuar con el entorno, comprendiendo los límites personales y la utilidad de cada una de las partes en la actividad que se desarrollo. Del mismo modo se vería en esta área la relación existente entre los diferentes segmentos corporales y el resultado que produce dicha interactividad (respondería a ¿para qué sirve el segmento...?).

- Experiencia del propio cuerpo cuando se relaciona con el medio: con el objetivo de ampliar el número de respuestas aprendidas ante estímulos parecidos (respondería a ¿si quiero golpear en un partido de fútbol utilizaría el segmento...?).

Veamos ahora otros conceptos que están íntimamente relacionados entre sí y con el conocimiento del propio cuerpo, la percepción espacial y la percepción temporal.

Cuando hablamos de percepción espacial, hacemos referencia a la capacidad del alumno para diferenciarse como entidad propia del mundo que le rodea (de otros objetos, de otros individuos...), lo que le lleva, además, a establecer una relación de distancia (proximidad – lejanía) entre él y otro sujeto u objeto, o entre sujetos y objetos entre sí.

La percepción temporal está muy ligada al concepto anterior, ya que, el alumno, lo que tiene en cuenta es una secuencia de percepciones espaciales y el tiempo que transcurre entre cada una de ellas.

Finalmente haremos referencia a un concepto que incluye a los tres que hemos visto con anterioridad, la percepción espacio temporal. En esta, el alumno hace uso de su imagen corporal para interactuar con el medio, teniendo en cuenta el espacio y el tiempo (y los posibles elementos que aparecen) para resolver la tarea que le ocupa.

Otros factores influyentes

Además del propio conocimiento del cuerpo y de las percepciones espacio temporales, existen otros elementos que se deben trabajar desde una globalidad, sobre todo en edades tan tempranas como la que nos ocupa. Estos son:

- Lateralidad: una de las peculiaridades del ser humano es que está "construido" mediante pares de elementos situados en el cuerpo de manera simétrica (dos brazos, dos piernas, dos ojos...), aunque siempre se utiliza una de las partes con mayor eficacia que la otra. A esta preferencia por el lado del cuerpo utilizado para ejecutar una tarea es a lo que llamamos lateralidad, y es la responsable de que golpeemos mejor con una pierna que con otra, utilicemos una raqueta con una u otra mano, saltemos con el apoyo de un determinado pie... La lateralidad depende en gran medida de la predominancia de uno de los hemisferios cerebrales sobre el otro (el izquierdo en los diestros, y el derecho en los zurdos). A modo anecdótico diremos que hay tres tipos de lateralidad: homogénea o integral (cuando un lado del cuerpo predomina absolutamente sobre el otro), heterogénea o no integral (cuando la predominancia no es total: cruzada, invertida...), y ambidiestro (no predomina ningún lado, utiliza con igual eficacia ambos lados, o utiliza un lado para unas tareas y el otro para otras diferentes).

- Tono postural: hace referencia a la cantidad de tensión o contracción muscular que posibilita las diferentes actividades corporales. Por regla general se trata de un estado permanentemente activo e inconsciente, por lo que su buen funcionamiento incidirá en el ahorro energético.
- Respiración: la toma de conciencia y el control de la respiración ayudan en el conocimiento del propio cuerpo (así como a la hora de aportar oxígeno y eliminar dióxido de carbono en la actividad física).
- Relajación: en cuanto que permite al alumno diferenciar los grados de tensión e incluso la ausencia de esta.

Consideraciones para la enseñanza

Resulta complicado plantear un trabajo específico para cada uno de los contenidos que hemos visto de forma resumida en las páginas anteriores, ya que existe una relación muy estrecha entre ellos. Aún así podemos hallar una correspondencia entre los tres grandes rasgos que darían como resultado diferentes tipos de tareas:

- **TEMPORALIDAD + ESPACIALIDAD:** trabajo de organización espacio-temporal.
- **TEMPORALIDAD + CORPORALIDAD:** trabajo de ritmo.
- **CORPORALIDAD + ESPACIALIDAD:** trabajo de lateralidad.

Atendiendo a la edad de los alumnos, el docente también debe tener en cuenta en su planificación las siguientes características:

- Las tareas de aprendizaje estarán basadas en la globalidad y en el juego, de modo que sea el alumno el protagonista de su aprendizaje y no el de uno forzado.
- Entre los 8 – 12 años el alumno ya posee una imagen definitiva de su esquema corporal, es decir, ya conoce las partes de su cuerpo y las considera como un agente más de los que puede incidir en el entorno.
- A partir de los 8 años el alumno ya tiene conciencia de los conceptos izquierda y derecha, por lo que el trabajo puede enfocarse más hacia la posición de él mismo respecto a objetos u otras personas en vez de hacia sus segmentos corporales.
- Los 8 – 12 años es un momento idóneo para comenzar el trabajo de ritmo de forma progresiva (palmadas, movimiento del cuerpo, coreografías…).

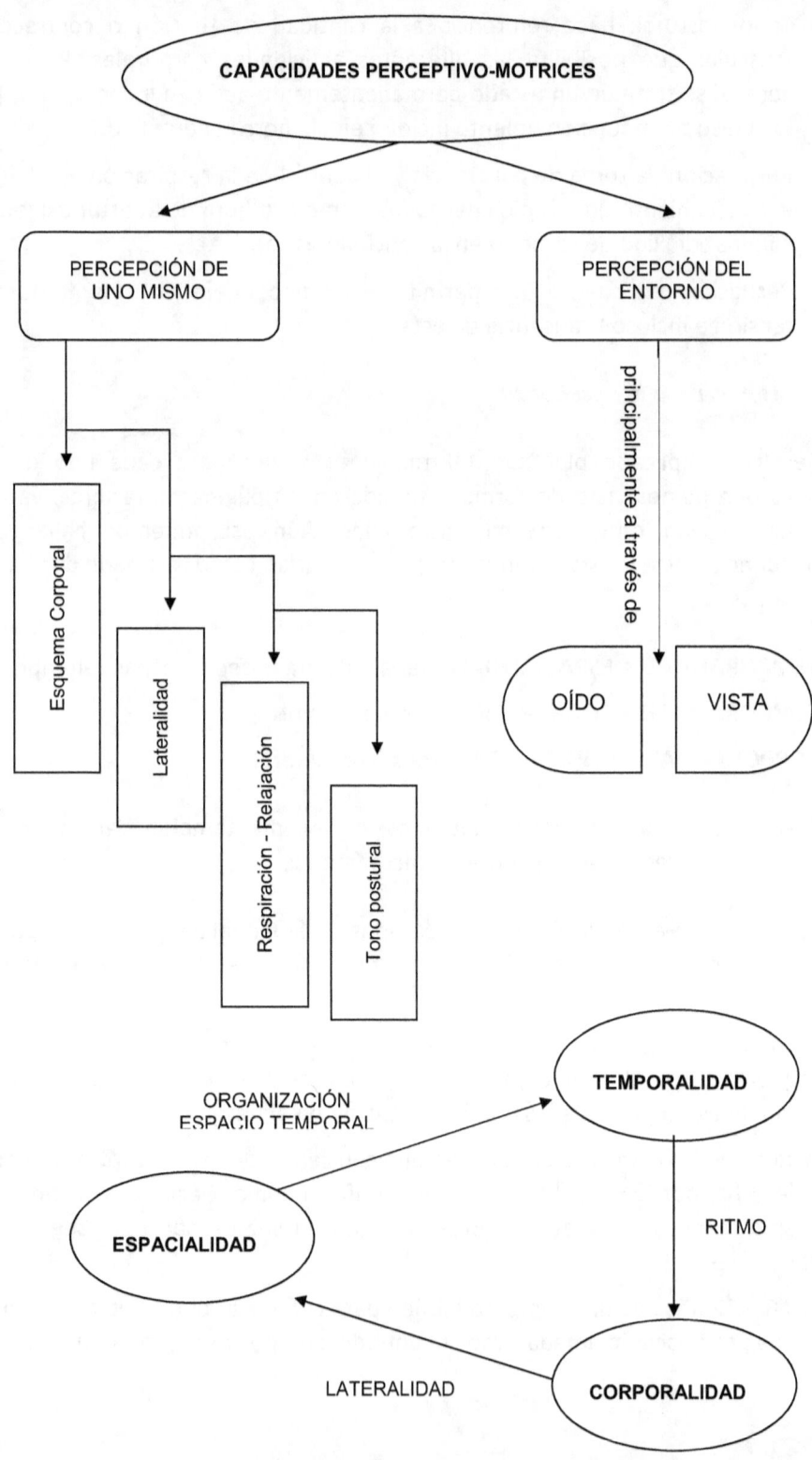

100 JUEGOS Y EJERCICIOS DE IMAGEN Y PERCEPCIÓN CORPORAL PARA NIÑOS DE 10 a 12 AÑOS

| ACTIVIDAD Nº 1 | Situados en posición de flexión de brazos, dejar las manos fijas y andar hacia delante hasta pasar las piernas entre los brazos, quedando en la posición indicada por el profesor: sentados, de rodillas, acostados... |

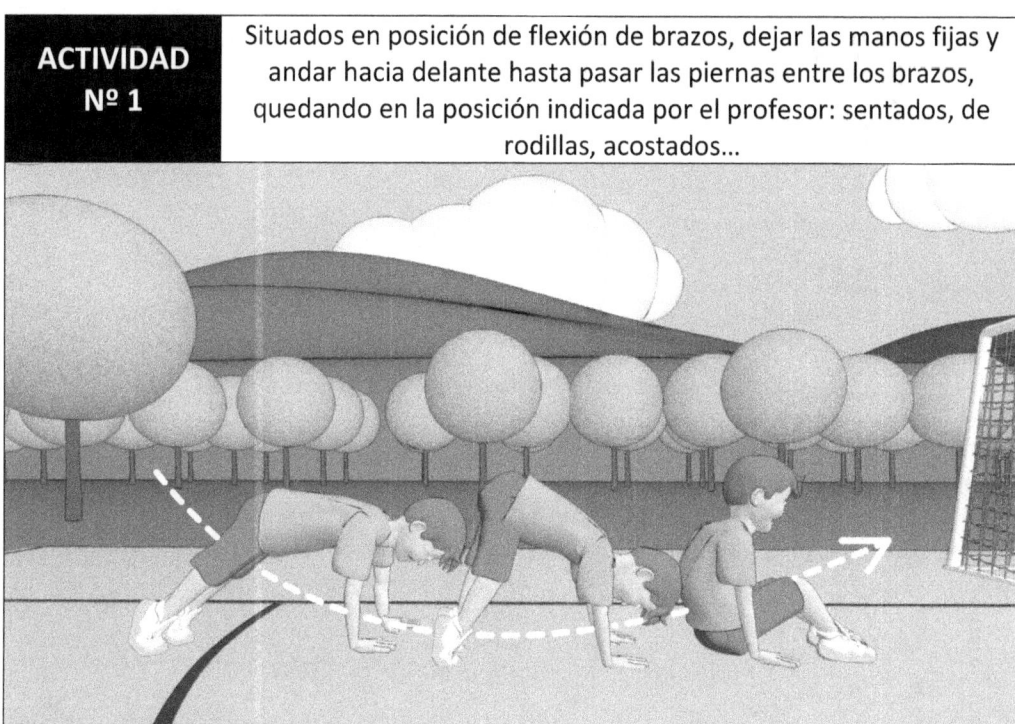

| ACTIVIDAD Nº 2 | En la misma disposición que el ejercicio anterior, dar un salto abriendo las piernas y colocarlas junto a las manos. Para aumentar la dificultad podemos indicarles a los alumnos que salten y quiten las manos poniéndose de pie. |

| **ACTIVIDAD Nº 3** | Situados en posición de flexión de brazos, dejar las manos fijas en el suelo y andar hacia delante hasta colocar los pies debajo del cuerpo. Desde esta posición encogida dejarnos caer atrás haciendo la "cunita". |

| **ACTIVIDAD Nº 4** | Colocados en posición de flexión de brazos con piernas abiertas, dejar los pies fijos en el suelo y andar hacia atrás con las manos dejándolas debajo de la cintura quedando sentados. |

| ACTIVIDAD Nº 5 | Hacer la "cuna" cogiendo cada vez más velocidad, de modo que consigamos colocarnos en cuclillas para, desde esta posición, realizar otra acción: voltereta adelante, voltereta atrás. |

| ACTIVIDAD Nº 6 | Situados por parejas o tríos, el primero inventa un movimiento y el resto tiene que imitarlo a cámara lenta. Después cambio de roles. |

| **ACTIVIDAD Nº 7** | En posición de flexión de brazos (cuatro apoyos), quitar el apoyo que indica el profesor e intentar desplazarse a tres apoyos (dos pies y una mano dos manos y un pie). |

| **ACTIVIDAD Nº 8** | Por parejas, el primero sentado en el suelo, y el compañero trata de levantarlo utilizando únicamente un brazo. Realizar el ejercicio también con la otra mano. |

ACTIVIDAD Nº 9 — Por parejas, empujar al compañero utilizando únicamente un brazo. Realizar el ejercicio también con el otro brazo.

ACTIVIDAD Nº 10 — De pie, con los pies fijos al suelo, moverse hacia los lados o adelante y atrás lo más lejos posible sin perder el equilibrio.

ACTIVIDAD Nº 11

Por parejas o tríos, el primero inventa un movimiento o una posición que obligatoriamente implique colocar una mano en el suelo, y el resto de compañeros tiene que imitarlo.

ACTIVIDAD Nº 12

Colocados en parejas, el primero acostado en el suelo, se deja mover por el compañero como si fuese un muñeco.

| ACTIVIDAD Nº 13 | Por parejas, atrapando una pierna de nuestro compañero, intentar girar a diferentes velocidades. |

| ACTIVIDAD Nº 14 | Situados en parejas, el primero hace de muñeco "rígido" y su compañero intenta moverle las extremidades. El muñeco empujará en la dirección contraria a la que intenta mover el otro alumno. |

ACTIVIDAD Nº 15 — Por parejas o grupos, desplazarse por todo el espacio de trabajo detrás de un compañero que, a la señal del profesor, se para y se coloca en una posición inventada. El resto de alumnos tiene que imitar esta posición lo más rápido posible.

ACTIVIDAD Nº 16 — Individualmente, corriendo por el espacio de trabajo, adoptar una posición inventada cuando lo indique el profesor y continuar desplazándose así hasta la segunda señal.

| ACTIVIDAD Nº 17 | "Los robots gemelos". Situados por parejas, el primero adopta una posición inventada y su compañero la imita. |

| ACTIVIDAD Nº 18 | Desplazarse por parejas haciendo la carretilla siguiendo las indicaciones del profesor (un pitido→rápido, dos pitidos→lento, tres pitidos→cambio de roles). |

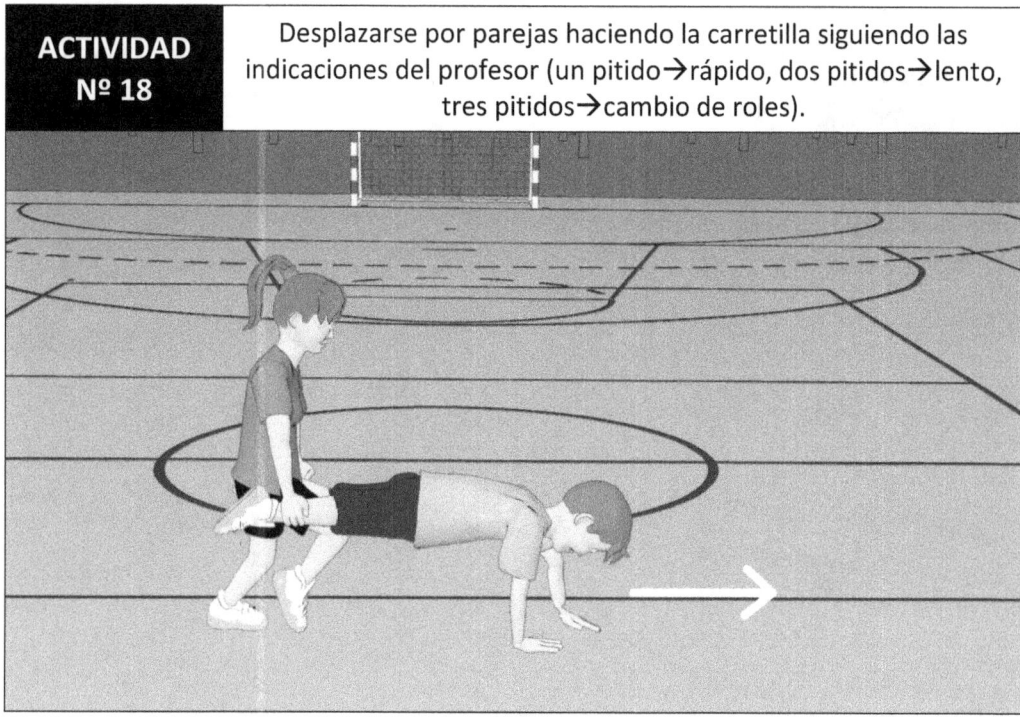

ACTIVIDAD Nº 19

En gran grupo, desplazándonos por todo el espacio de trabajo, colocar la mano donde nos indique el profesor y continuar corriendo en esa posición.

¡Mano a la cadera!

ACTIVIDAD Nº 20

Igual que el ejercicio anterior, pero ahora corremos por parejas agarrando al compañero de la parte que indique el profesor.

ACTIVIDAD Nº 21 — Por parejas, intentar tocar al compañero en la zona que ha indicado el profesor evitando ser tocados.

ACTIVIDAD Nº 22 — Por parejas, situados uno frente a otro como si fuese un espejo, el primero realiza movimientos lentamente y el compañero lo imita.

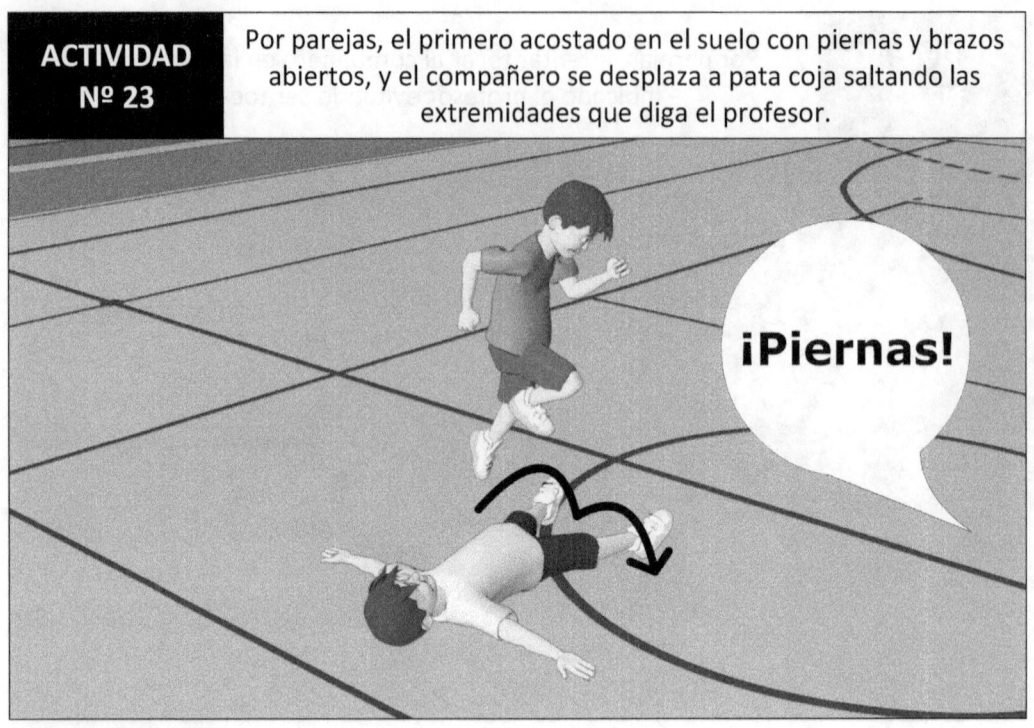

ACTIVIDAD Nº 23 — Por parejas, el primero acostado en el suelo con piernas y brazos abiertos, y el compañero se desplaza a pata coja saltando las extremidades que diga el profesor.

ACTIVIDAD Nº 24 — Por parejas, desplazarse por el espacio de trabajo y, a la señal del profesor, el primero se coloca en la posición acordada y el compañero le salta.

ACTIVIDAD Nº 25

Situados en parejas, el primero acostado en el suelo con las extremidades era tensión. El compañero intentará moverlo como si fuese un muñeco oxidado.

ACTIVIDAD Nº 26

Por parejas, el primero de pie con los ojos vendados, intenta adivinar el sitio donde le sopla el compañero.

ACTIVIDAD Nº 27

Tras colocar varios bancos suecos en el espacio de trabajo (u otros obstáculos), los alumnos comienzan a desplazarse y, a la señal, del profesor, corren a tocar uno de los bancos como indica el profesor (con las dos manos, con la cabeza, a pata coja...).

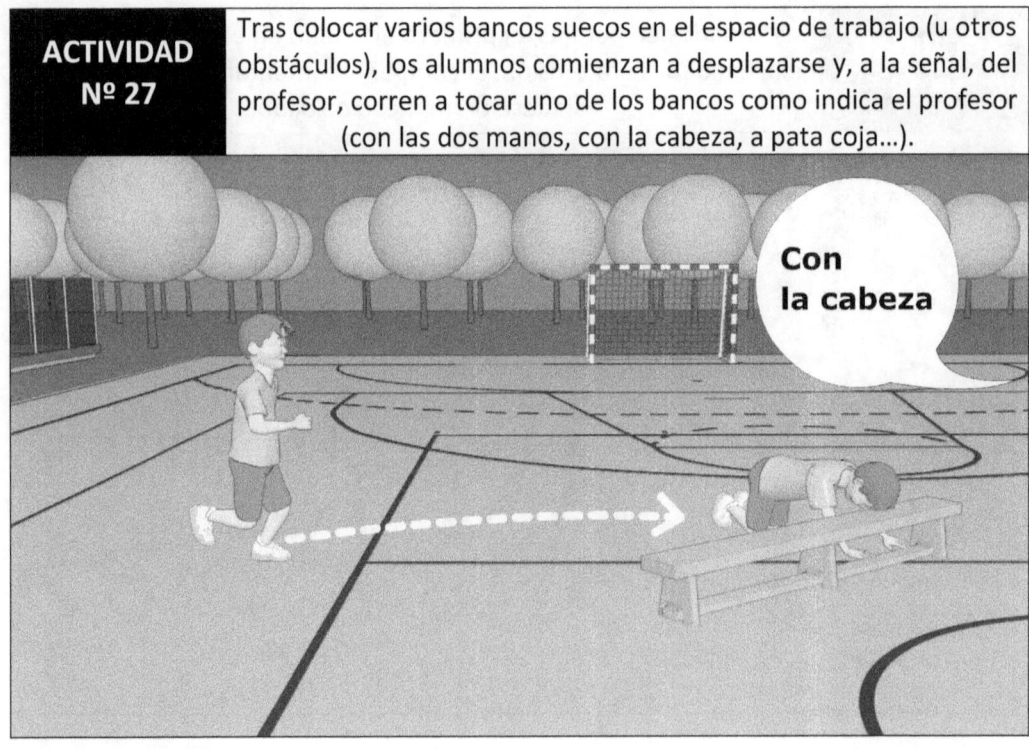

Con la cabeza

ACTIVIDAD Nº 28

Desplazarse por una fila de bancos suecos colocando el cuerpo de la manera que indique el profesor: brazos en cruz, haciendo el robot con las extremidades rígidas.

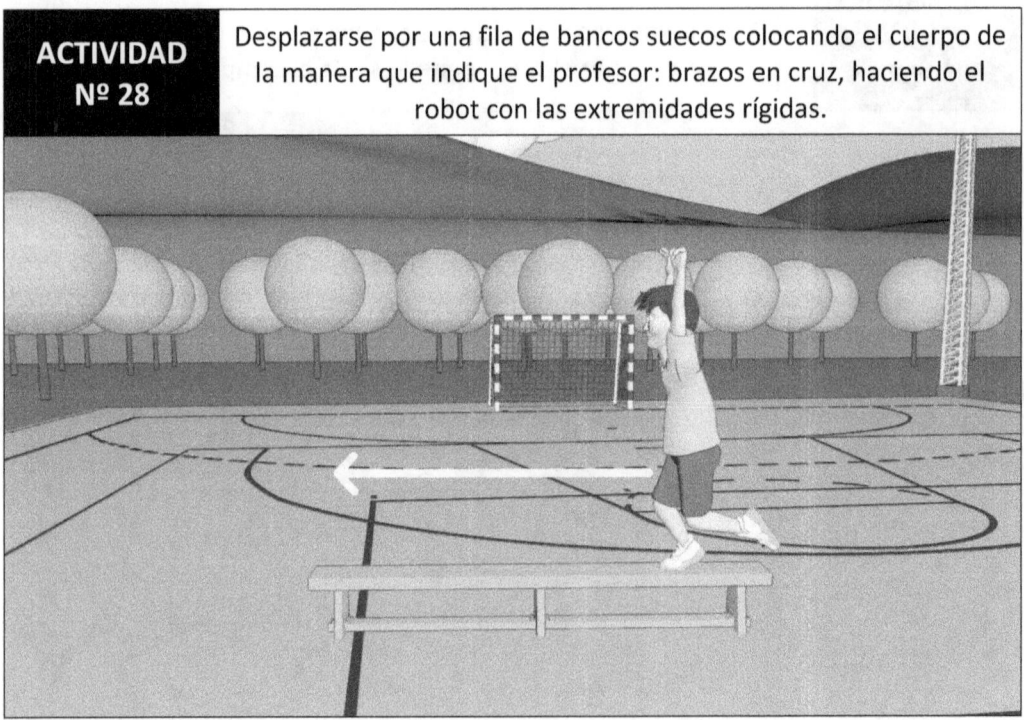

ACTIVIDAD Nº 29

Desplazarse por encima de una fila de bancos suecos siguiendo las indicaciones del profesor: una rodilla en el banco y un pie en el suelo, una mano y un pie en el banco y el otro pie en el suelo...

ACTIVIDAD Nº 30

Pasar por encima de un banco sueco haciendo el cangrejo.

| ACTIVIDAD Nº 31 | Pasar por encima de un banco sueco de lado sin cruzar los pies o de espaldas. |

| ACTIVIDAD Nº 32 | Pasar un banco sueco gateando o reptando sobre el tronco. |

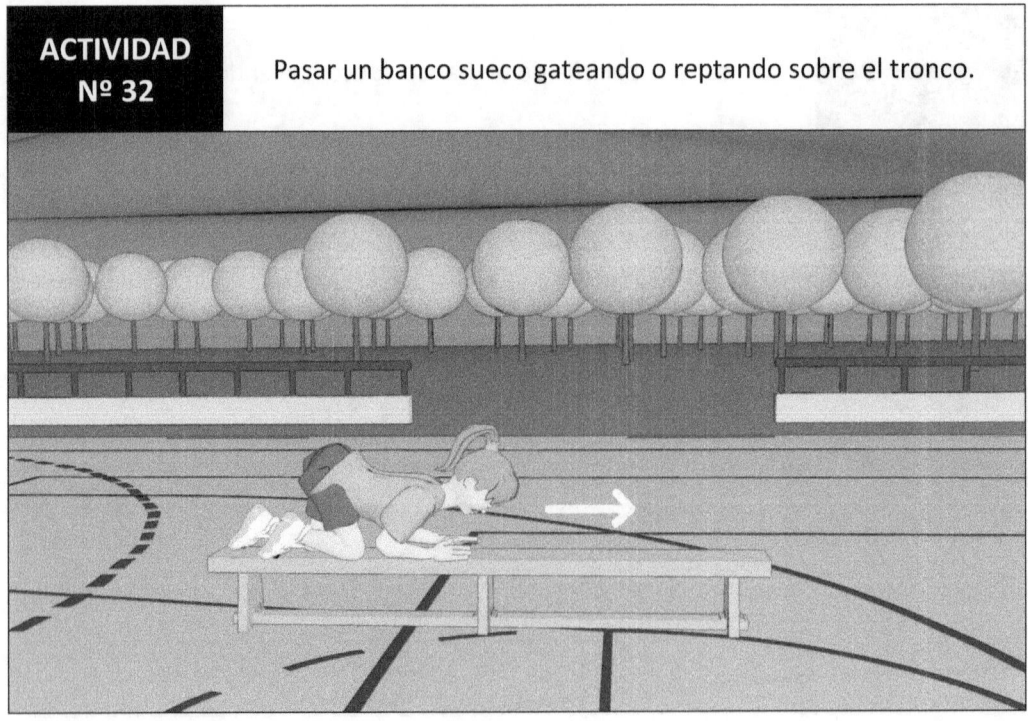

ACTIVIDAD Nº 33

Pasar un banco sueco en cuadrupedia.

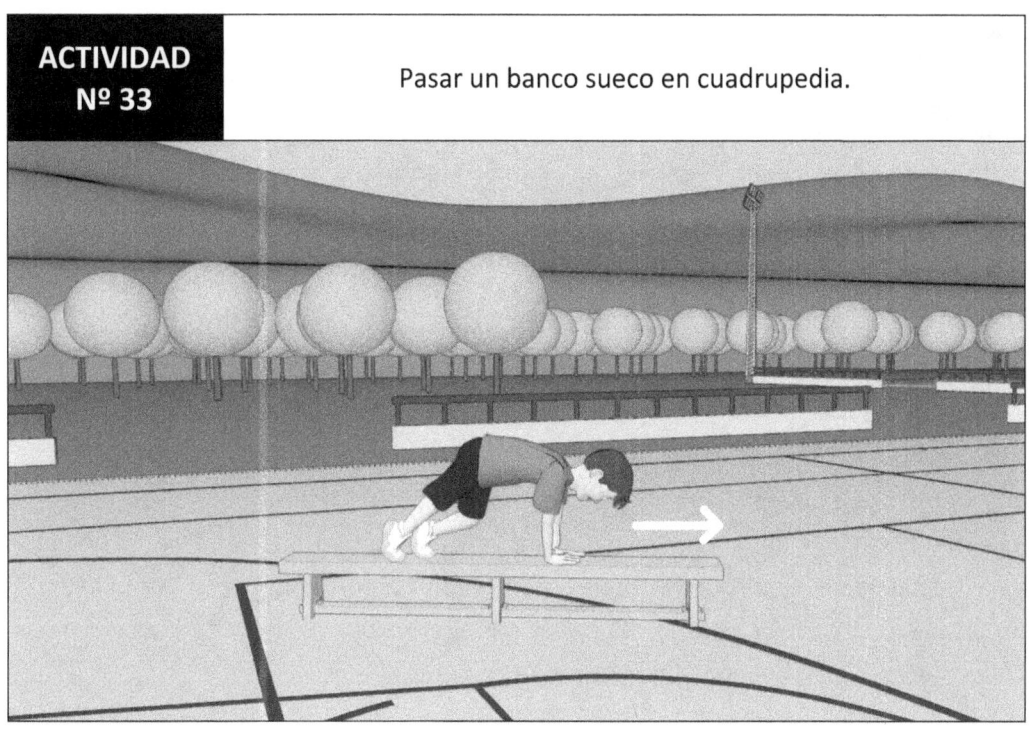

ACTIVIDAD Nº 34

Pasar un banco sueco dando pequeños saltos a pata coja.

ACTIVIDAD Nº 35	Tras colocar los bancos suecos a diferentes alturas, pasarlos en la dirección que indica el profesor (por arriba, por abajo, tumbados, reptando...).

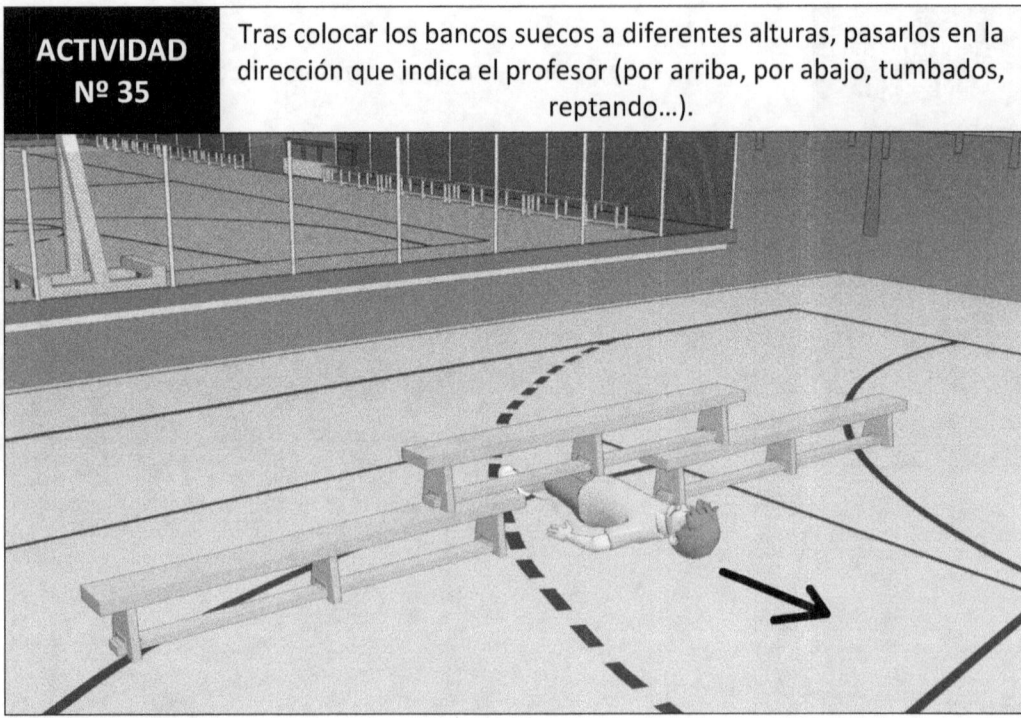

ACTIVIDAD Nº 36	Desplazarse por encima de un banco sueco adoptando posiciones que sean asimétricas: las piernas por el suelo y los brazos sobre el banco o viceversa.

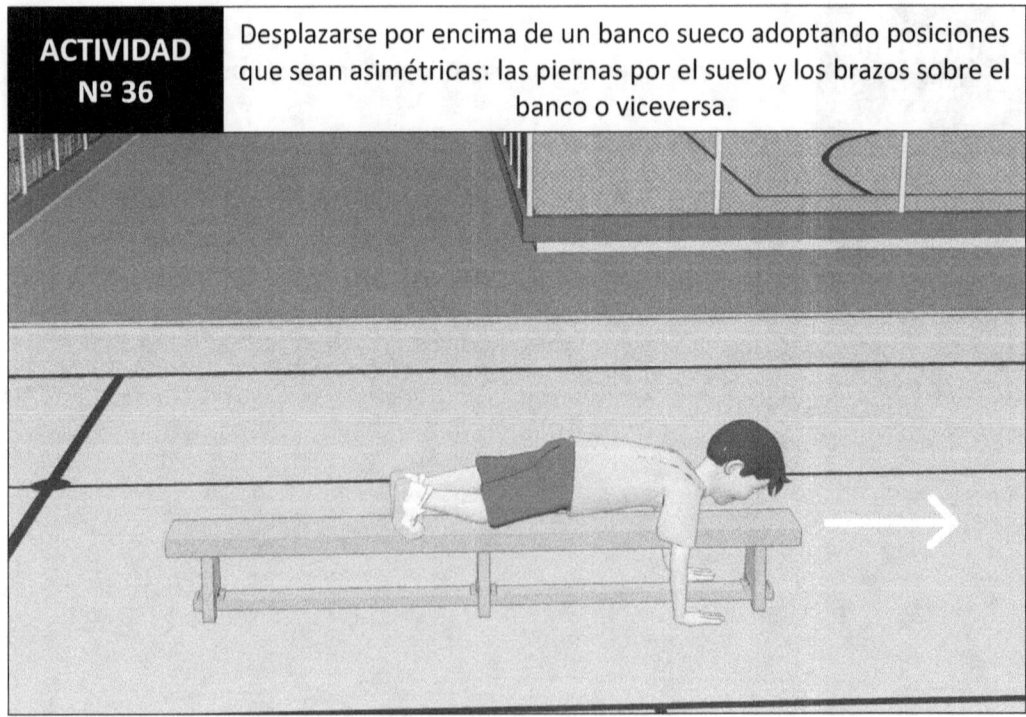

ACTIVIDAD Nº 37 — Correr hacia un cajón de plinto a diferentes velocidades y saltar sobre el quedándonos en equilibrio con los dos pies juntos.

ACTIVIDAD Nº 38 — Igual que el ejercicio anterior, pero esta vez nos quedamos en equilibrio sobre un pie. Practicar el ejercicio con ambos pies.

| ACTIVIDAD Nº 39 | Desplazarse por encima de un banco sueco y dar un giro completo sin interrumpir la marcha. |

| ACTIVIDAD Nº 40 | En grupos de cuatro, sentados o arrodillados en el suelo, realizar pases rodados con las manos utilizando una pelota pequeña. |

ACTIVIDAD Nº 41

Igual que el ejercicio anterior, pero ahora nuestros compañeros se colocan de pie con las piernas abiertas e intentamos colar la pelota entre ellas. ¿Quién consigue meter la pelota entre los tres compañeros con menos lanzamientos?

ACTIVIDAD Nº 42

Igual que el ejercicio anterior, pero ahora el lanzamiento se realiza con el pie.

ACTIVIDAD Nº 43

Situados frente a tres compañeros que hacen un túnel con sus piernas lanzar una pelota con el pie o con las manos e intentar que pase al lado contrario.

ACTIVIDAD Nº 44

Por parejas, realizar pases y recepciones con las dos manos, una mano, con bote, bombeados...

| ACTIVIDAD Nº 45 | Por parejas, realizar pases al compañero utilizando primero la mano hábil y después la mano débil. |

| ACTIVIDAD Nº 46 | Igual que el ejercicio anterior, pero ahora pasamos el balón con la pierna hábil y después con la pierna débil. |

| ACTIVIDAD Nº 47 | Por parejas, pasarle la pelota a un compañero con las manos diciendo en voz alta el lado hacia donde se dirige el pase (en el ejemplo, derecha del receptor). |

| ACTIVIDAD Nº 48 | Individualmente, botar una pelota de plástico o de minibasket con las dos manos a la vez, primero sobre el sitio y después desplazándonos a diferentes velocidades. |

ACTIVIDAD Nº 49 — Igual que el ejercicio anterior, pero ahora botamos con la mano hábil y después con la mano débil.

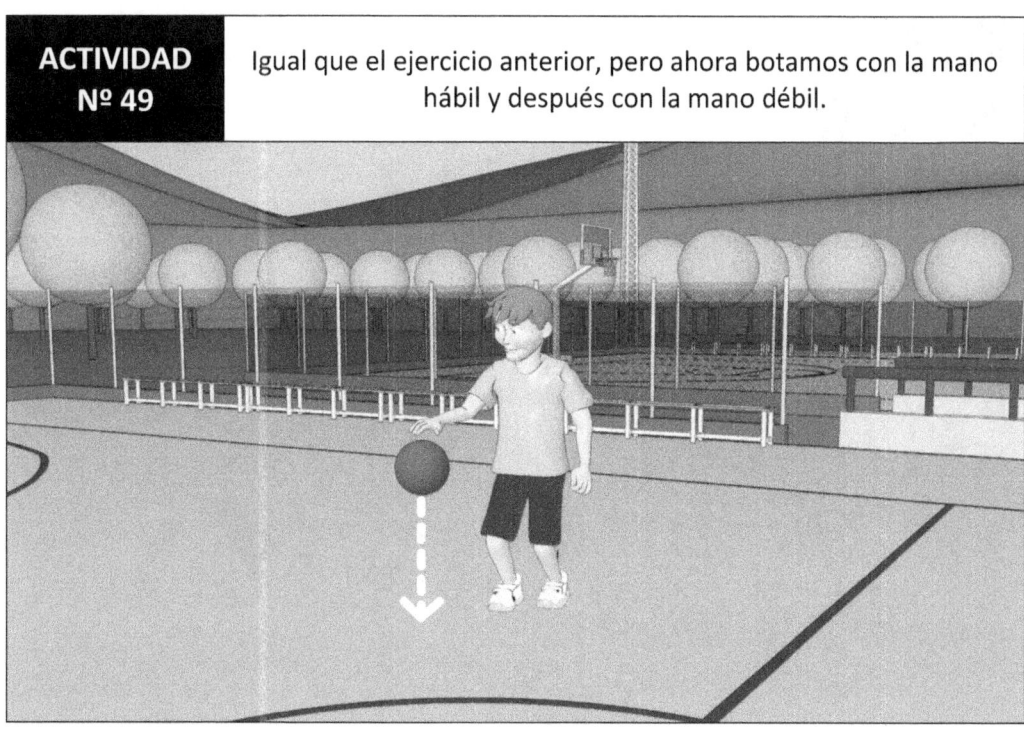

ACTIVIDAD Nº 50 — Tras botar una pelota con las dos manos, intentar atraparla antes que caiga al suelo.

| ACTIVIDAD Nº 51 | Igual que el ejercicio anterior, pero ahora botamos el balón con una mano. |

| ACTIVIDAD Nº 52 | Lanzar una pelota con saque de banda contra la pared, e intentar recogerla lo más cerca del suelo antes de que bote. |

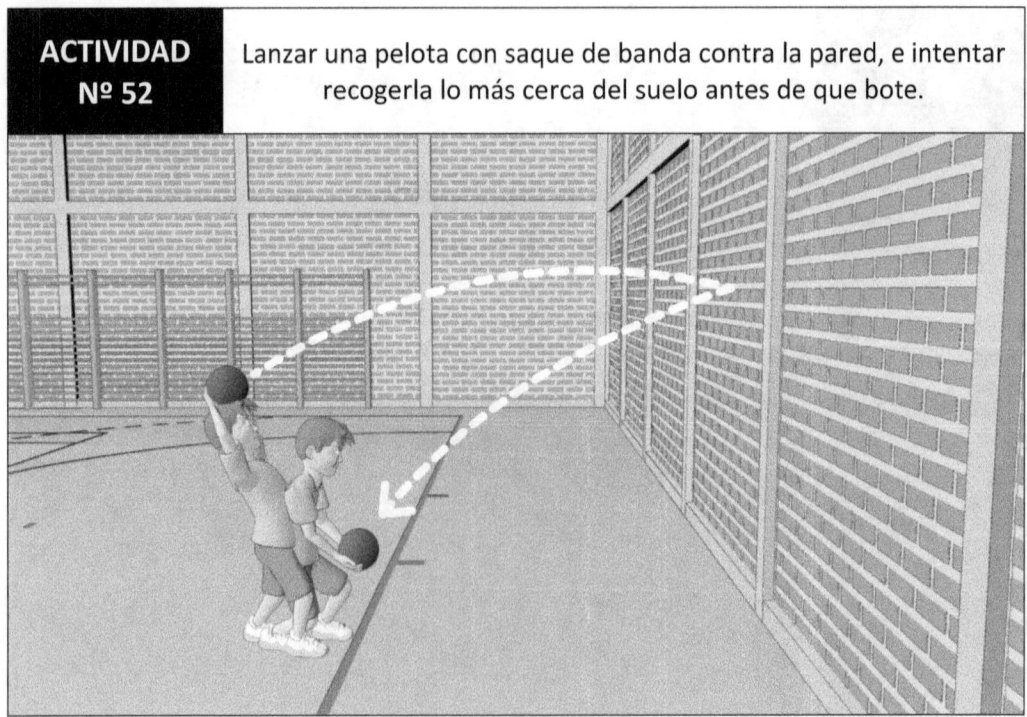

| ACTIVIDAD Nº 53 | Realizar un lanzamiento por debajo de la cintura contra la pared e intentar atrapar la pelota lo más alto posible. |

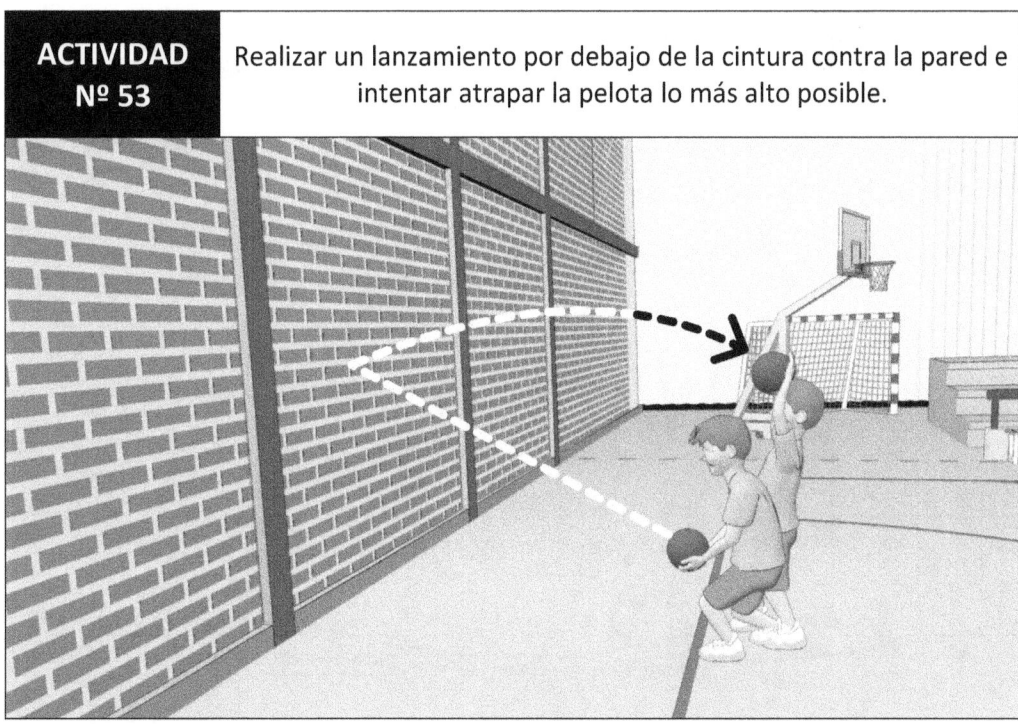

| ACTIVIDAD Nº 54 | Por parejas, con una pelota ir desplazándonos por el espacio de trabajo, realizar pases lo más variados posibles. |

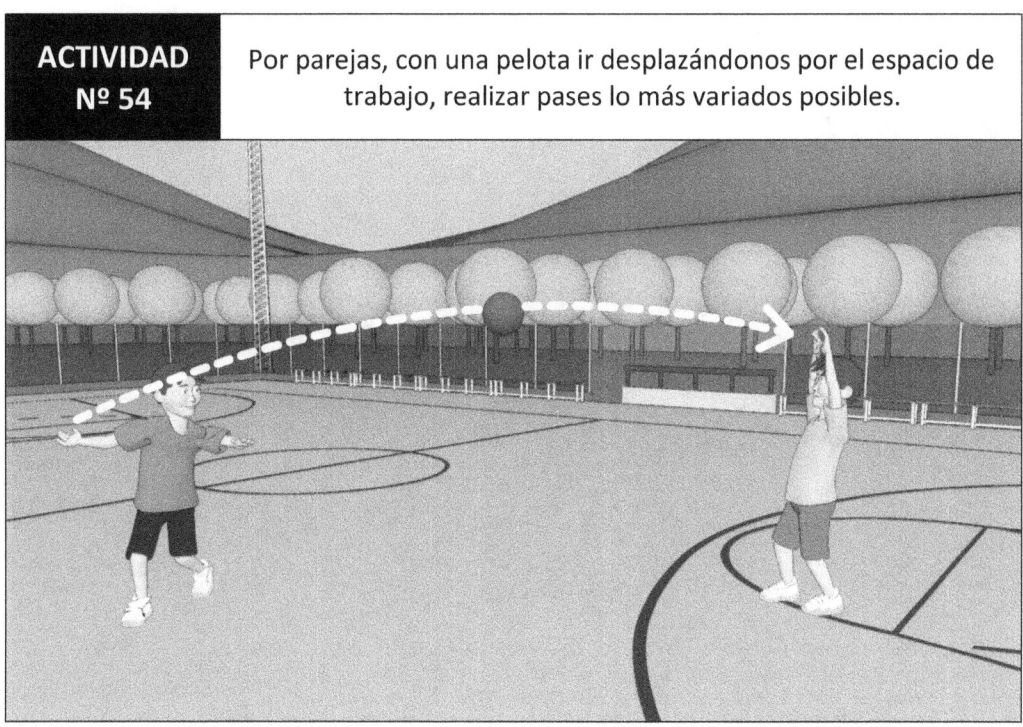

| ACTIVIDAD Nº 55 | Individualmente con un balón, o haciendo carreras de relevos, desplazarse atrapando un balón entre los brazos, un brazo y la cabeza, la mano y el pecho... |

| ACTIVIDAD Nº 56 | Individualmente con un balón o haciendo carreras de relevo llevar el balón entre las rodillas o los tobillos dando saltos sin caerlo al suelo. |

ACTIVIDAD Nº 57 — Individualmente con un balón o haciendo carrera de relevo, trasportarlo a gatas sobre nuestras espaldas sin que caiga al suelo.

ACTIVIDAD Nº 58 — Situados en parejas, cada una con un balón, mantenerlo en el aire golpeándolo con diferentes partes del cuerpo.

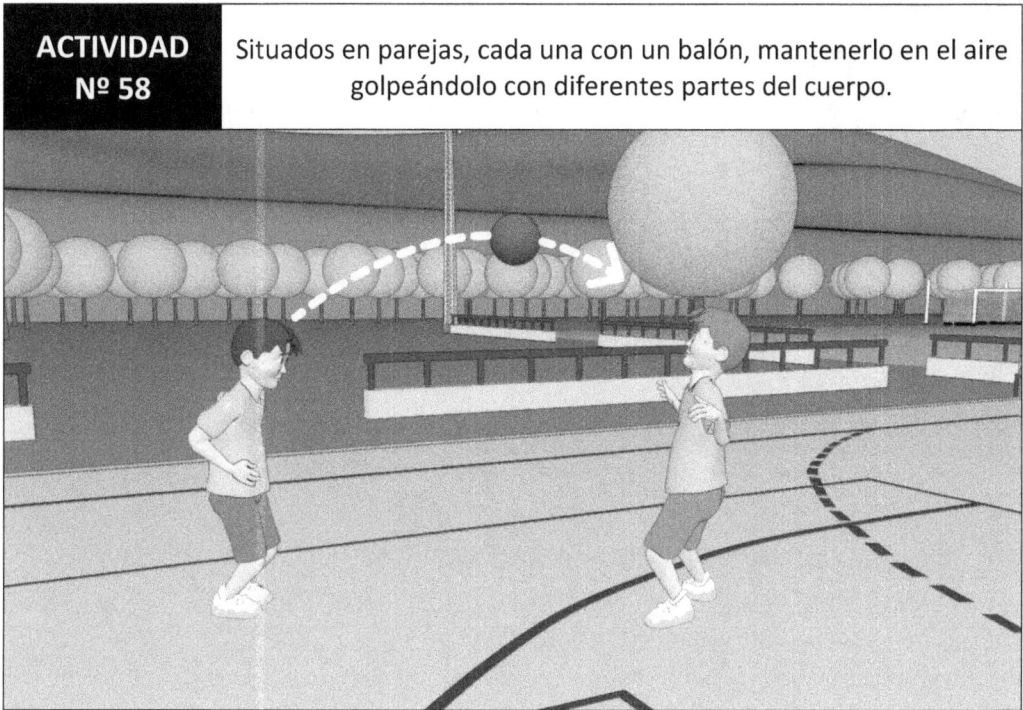

ACTIVIDAD Nº 59 — Trasportar un balón entre dos compañeros sin que caiga al suelo siguiendo las instrucciones del profesor (espalda contra espalda, frente contra frente...).

ACTIVIDAD Nº 60 — Por parejas o en gran grupo cada alumno con un balón sobre el abdomen haciendo el cangrejo, desplazarse hacia donde nos diga el compañero o profesor sin que el balón se nos caiga.

ACTIVIDAD Nº 61 — Por parejas con dos globos, mantenerlos en el aire golpeando uno siempre con la cabeza y el otro con el pie.

ACTIVIDAD Nº 62 — Situados por parejas, con un globo, golpearlo siempre con la parte del cuerpo que nos dice nuestro compañero.

| ACTIVIDAD Nº 63 | Situados en parejas, o haciendo carrera de relevo trasportar un globo si explotarlo y sin que caiga al suelo atrapándolo con la parte del cuerpo que indique el profesor |

| ACTIVIDAD Nº 64 | Mantener en el aire el mayor número de globos golpeándolos con diferentes partes del cuerpo. |

ACTIVIDAD Nº 65 — Por pareja con un aro hacerlo rodar hasta nuestro compañero utilizando la parte del cuerpo acordada (mano, codo...).

ACTIVIDAD Nº 66 — Por parejas, con dos aros, un alumno los lanza a la vez, uno con cada mano, y el compañero los recoge con diferentes partes del cuerpo.

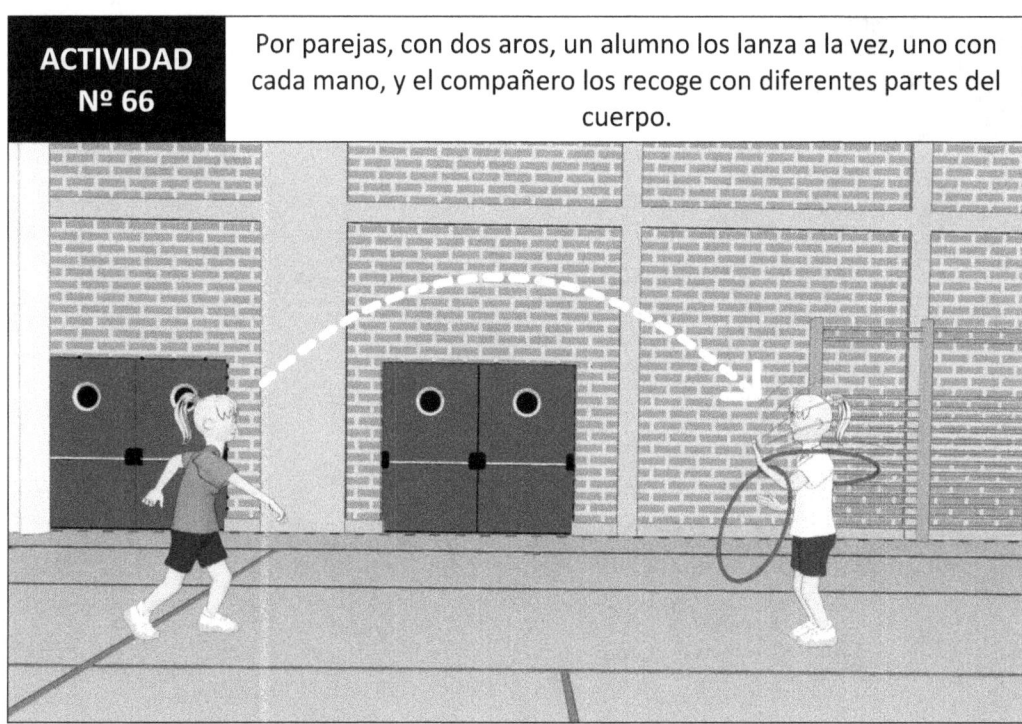

| ACTIVIDAD Nº 67 | Individualmente o en grupos, ¿Quién consigue bailar dos aros a la vez con la parte del cuerpo acordada y durante el mayor tiempo posible? |

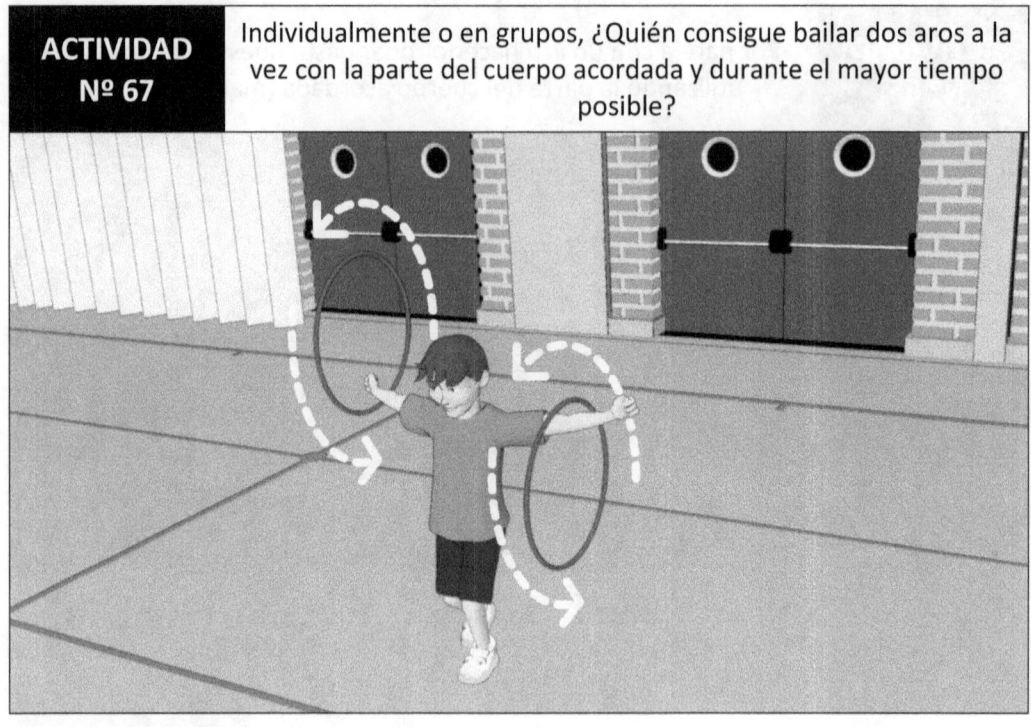

| ACTIVIDAD Nº 68 | Individualmente con un aro, trasportarlo sobre la espalda mientras nos desplazamos gateando, reptando... |

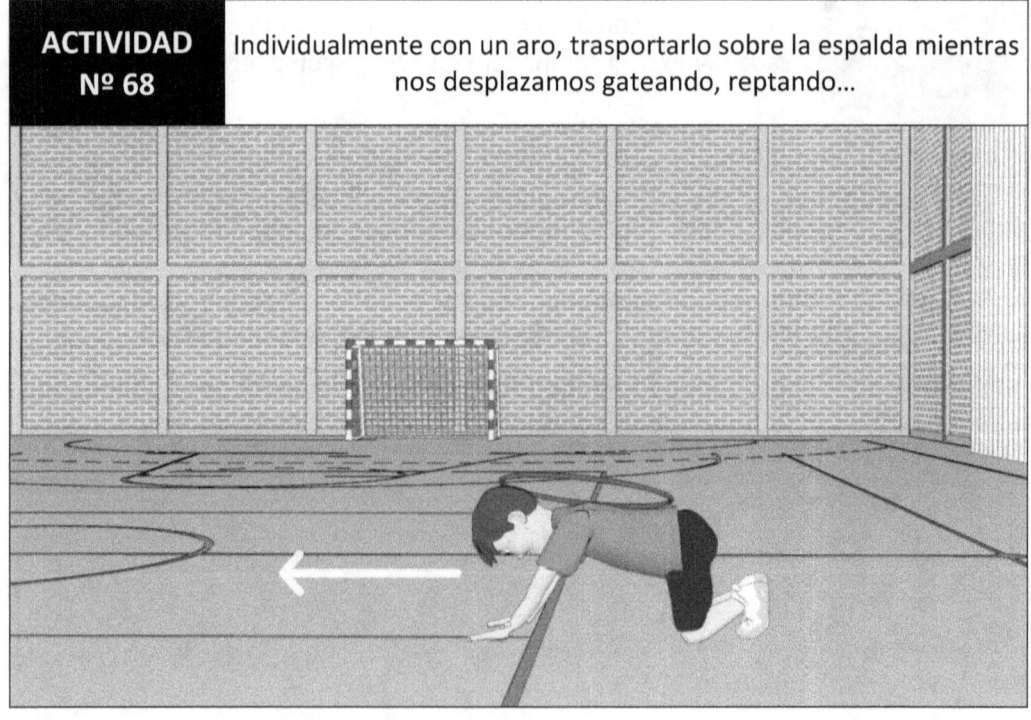

ACTIVIDAD Nº 69 — Por parejas, con un aro, un compañero realiza siempre el mismo movimiento con las manos como si fuese un robot, y el otro le lanza un aro intentando hacer diana.

ACTIVIDAD Nº 70 — Individualmente arrodillados en el suelo con un aro, hacerlo rodar hacia un lado lo más lejos posible sin perder el equilibrio. Después hacerlo hacia el lado contrario.

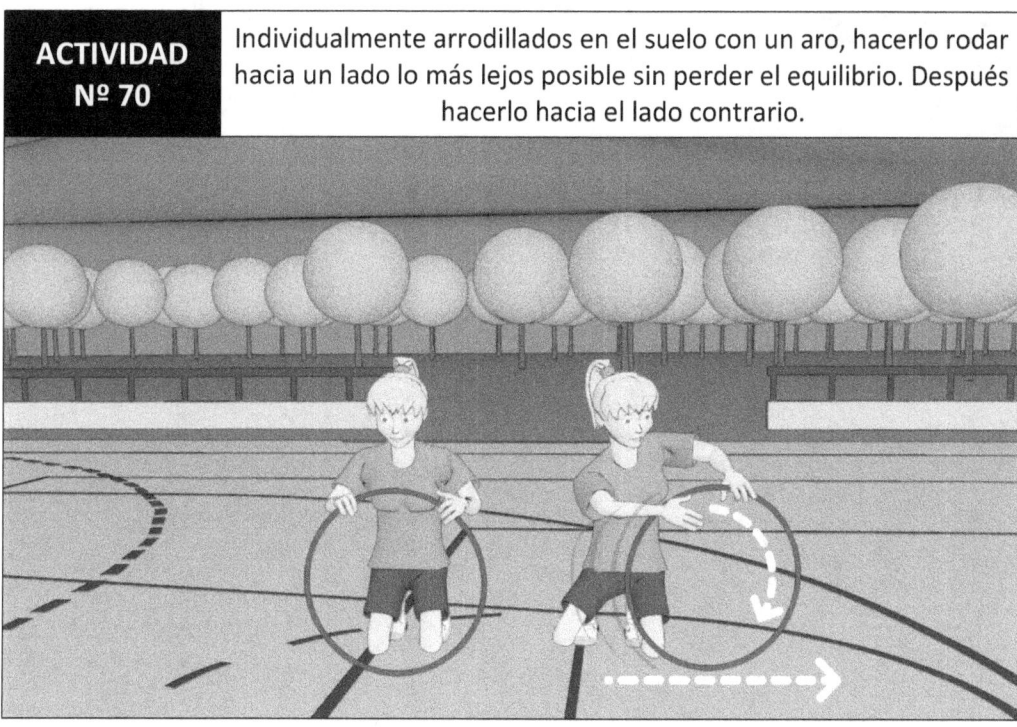

| ACTIVIDAD Nº 71 | Individualmente con un aro, hacerlo rodar hacia delante a diferentes velocidades y correr atraparlo antes que caiga al suelo. |

| ACTIVIDAD Nº 72 | Igual que el ejercicio anterior, pero ahora nos adelantamos al aro y lo hacemos rodar en el sentido contrario. |

ACTIVIDAD Nº 73

Individualmente con un aro sentados en el suelo y atrapándolo con las dos manos como muestra la ilustración, subirlo y bajarlo hasta la cintura sin soltar las manos.

ACTIVIDAD Nº 74

Individualmente con un aro, sentado en el suelo con las piernas abiertas, girar el tronco hacia un lado hasta el límite manteniendo el aro siempre a la misma altura. Practicar el ejercicio hacia ambos lados.

| ACTIVIDAD Nº 75 | Individualmente con una pica, mantenerla apoyada en el suelo de forma vertical mientras realizamos diferentes movimientos: flexionar las piernas, inclinar el tronco, colocarse a pata coja y bajar... |

| ACTIVIDAD Nº 76 | Individualmente, con una pica apoyada en el suelo de forma vertical, quitar una mano y colocar rápidamente la otra para que la pica no caiga al suelo. |

ACTIVIDAD Nº 77

Individualmente, apoyando la mano sobre una pica que mantenemos vertical en el suelo, correr a su alrededor haciendo círculos. Practicar el ejercicio con cada mano y en ambas direcciones.

ACTIVIDAD Nº 78

Igual que el ejercicio anterior, pero ahora soltamos la mano e intentamos girar lo máximo posible para atrapar la pica antes que caiga al suelo. ¿Quién consigue girar más y atrapar la pica?

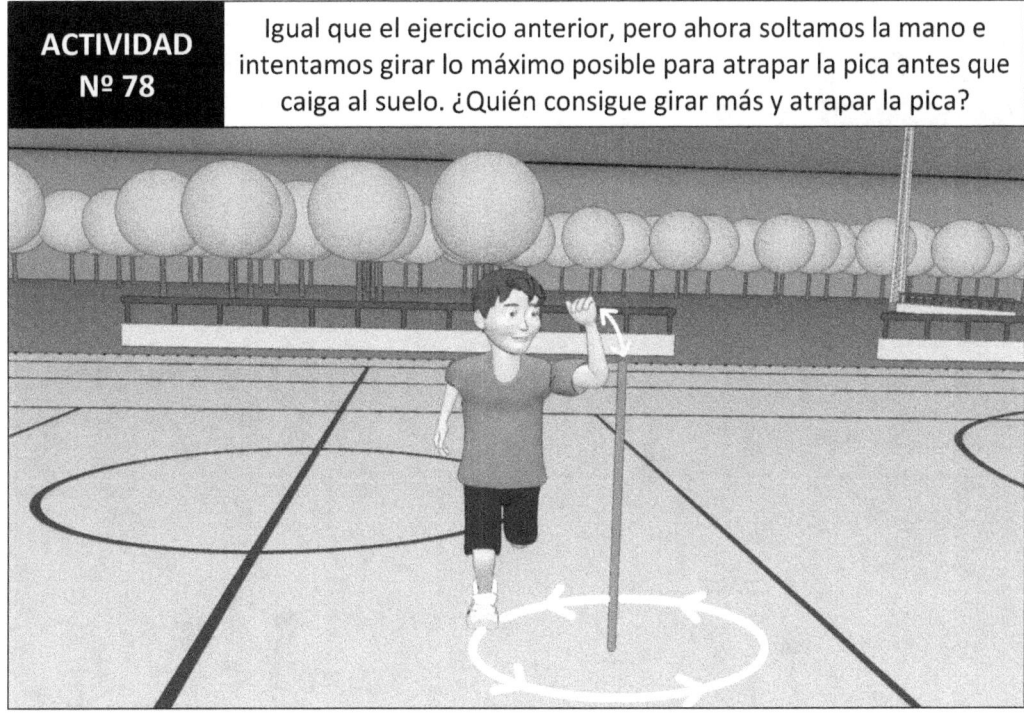

| ACTIVIDAD Nº 79 | Individualmente con una cuerda, correr por todo el espacio de trabajo haciendo círculos perpendiculares al suelo y en la dirección del desplazamiento. Realizar el ejercicio con cada una de las manos. |

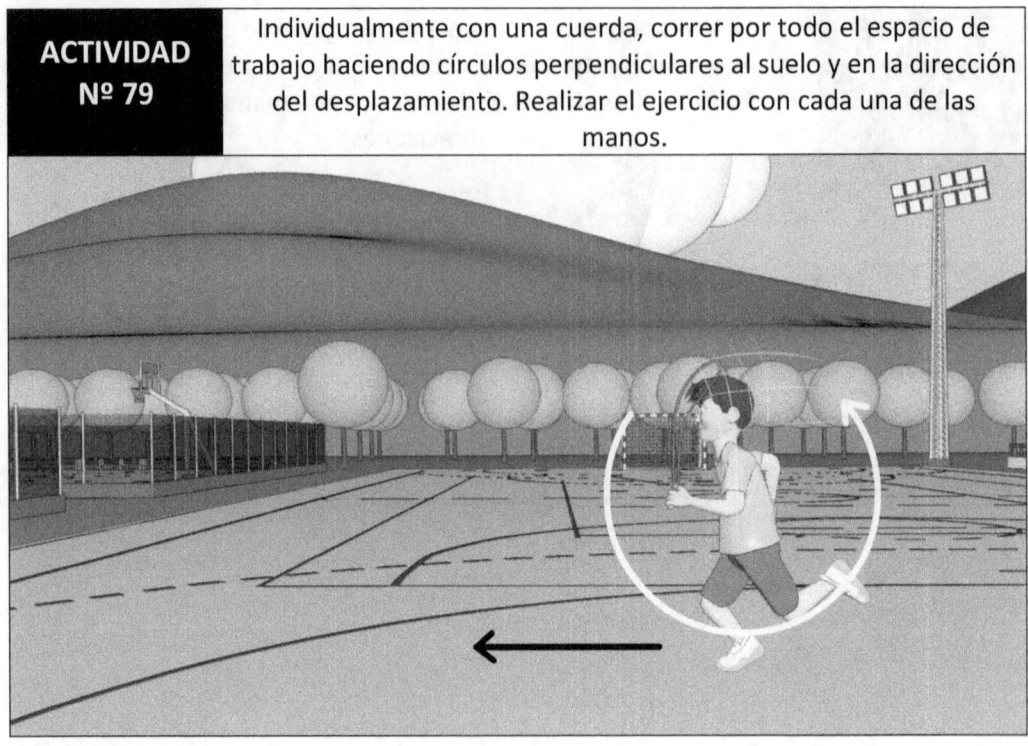

| ACTIVIDAD Nº 80 | Igual que el ejercicio anterior, pero ahora intentamos hacer los círculos perpendiculares al suelo que van de un lado a otro del cuerpo. Practicar el ejercicio con cada una de las manos. |

ACTIVIDAD Nº 81 Igual que los ejercicios anteriores, pero ahora intentamos hacer los círculos paralelos al duelo como muestra la ilustración.

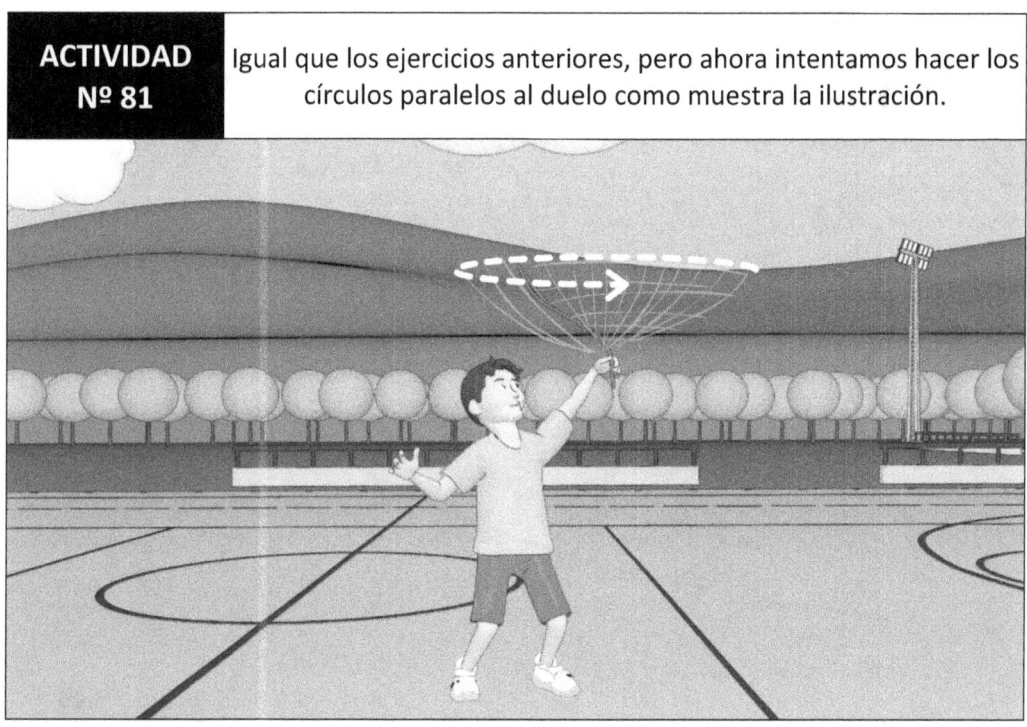

ACTIVIDAD Nº 82 En tríos o en grupo, saltar a la comba dando el mayor número de saltos seguidos (a pies juntos, a pata coja, pies alternativos...).

| ACTIVIDAD Nº 83 | Por parejas o en grupo, el primero hace girar una cuerda haciendo un círculo cerca del suelo y el resto la salta para no quedar eliminados. |

| ACTIVIDAD Nº 84 | Individualmente o haciendo carreras de relevos, llevar un vado de plástico sobre la parte del cuerpo acordada sin que caiga al suelo. |

| ACTIVIDAD Nº 85 | Individualmente, con un vaso de plástico u otro recipiente poco pesado mantenerlo en el aire golpeándolo con diferentes partes del cuerpo. ¿Quién da más golpes? |

| ACTIVIDAD Nº 86 | Igual que el ejercicio anterior, pero ahora lo realizamos por parejas. |

ACTIVIDAD Nº 87

Situados por parejas, el primero coloca sus brazos a modo de canasta y su compañero trata de encestar el vaso de plástico.

ACTIVIDAD Nº 88

Realizar carreras de relevos utilizando el vaso como si fuese el testigo de atletismo. Variante: Llevar el vaso en una zona determinada del cuerpo sin que caiga al suelo.

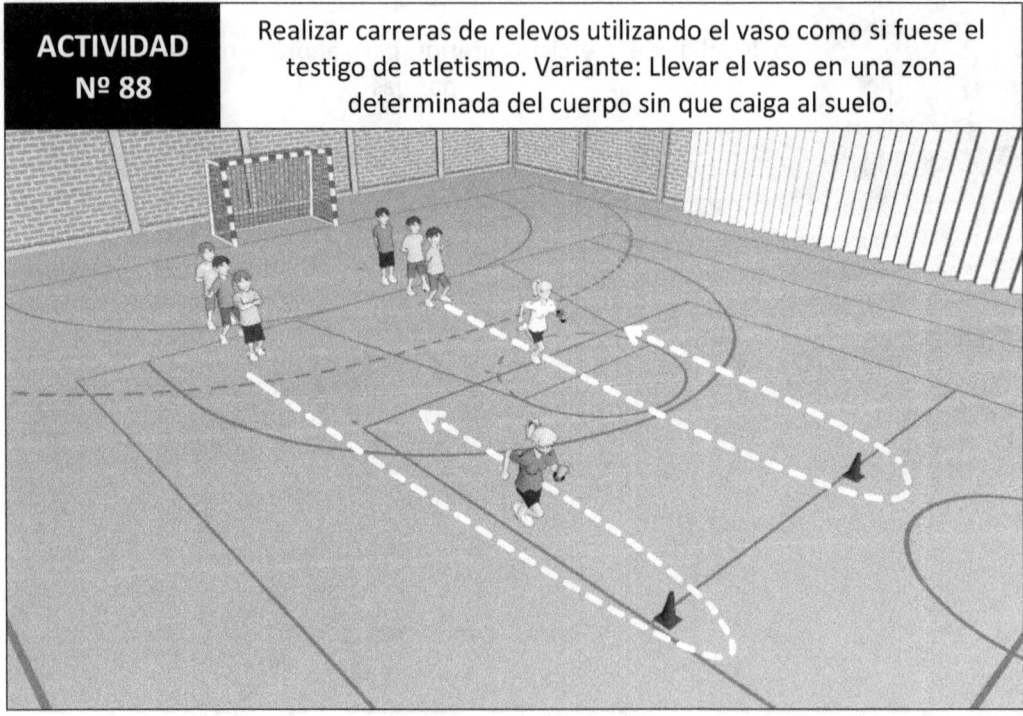

| ACTIVIDAD Nº 89 | Individualmente con una hoja de papel desplazarse hacia la zona indicada por el profesor sin que se caiga al suelo y sin atraparlo con las manos. |

| ACTIVIDAD Nº 90 | Individualmente con una pelota de papel, mantenerla en el aire golpeándola con cualquier parte del cuerpo. |

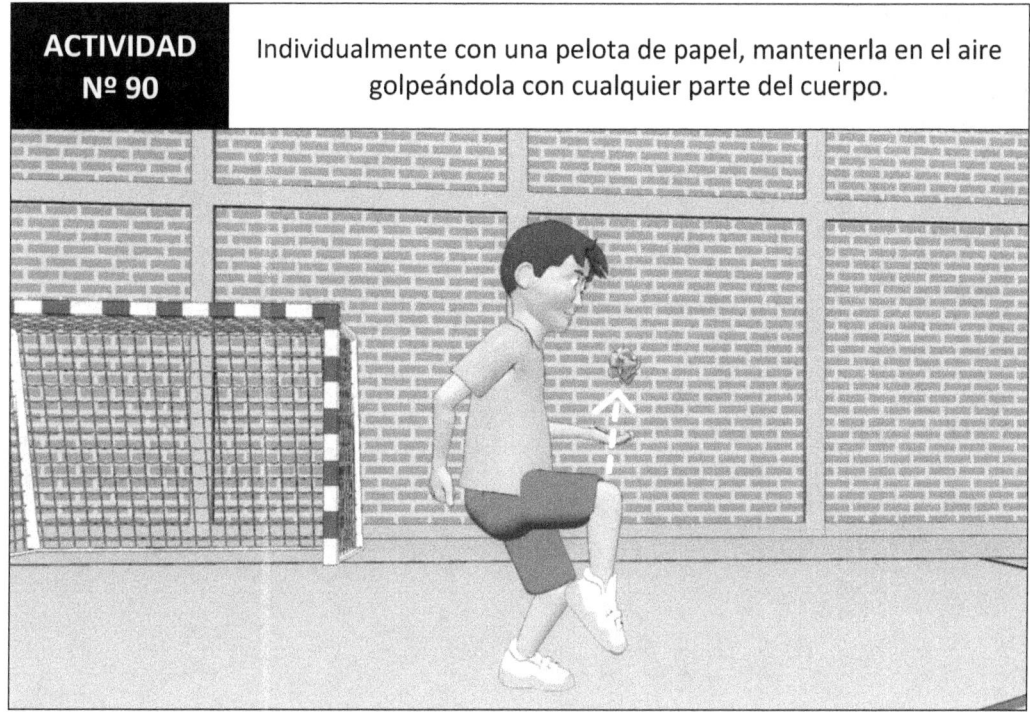

| **ACTIVIDAD Nº 91** | Igual que el ejercicio anterior, pero ahora lo realizamos por parejas. |

| **ACTIVIDAD Nº 92** | Por parejas, el primero con dos bolas de papel, las lanza de forma consecutiva a su compañero y éste las atrapa sin dejarlas caer al suelo. |

| ACTIVIDAD Nº 93 | Hacer una voltereta hacia delante sobre una colchoneta adoptando diferentes posiciones al terminar el ejercicio: acostado, en cuclillas, de pie, sentado... |

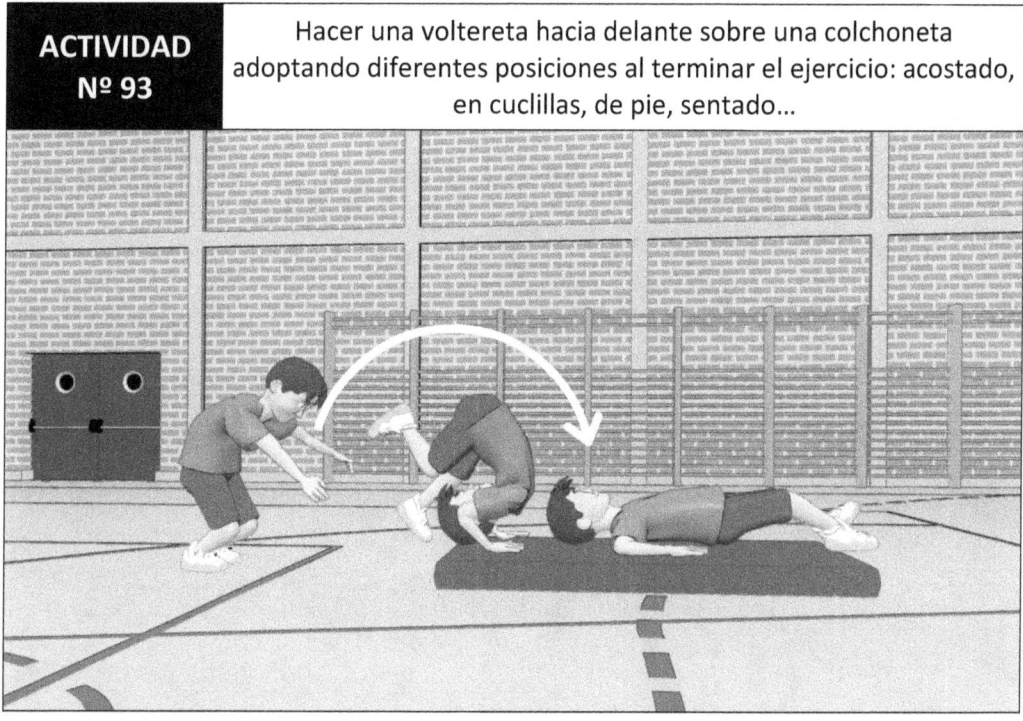

| ACTIVIDAD Nº 94 | Acostado sobre una colchoneta, piernas flexionadas y con las plantas de los pies en ella y los brazos extendidos a los lados, subir y bajar la cintura cada vez que lo indique el profesor. |

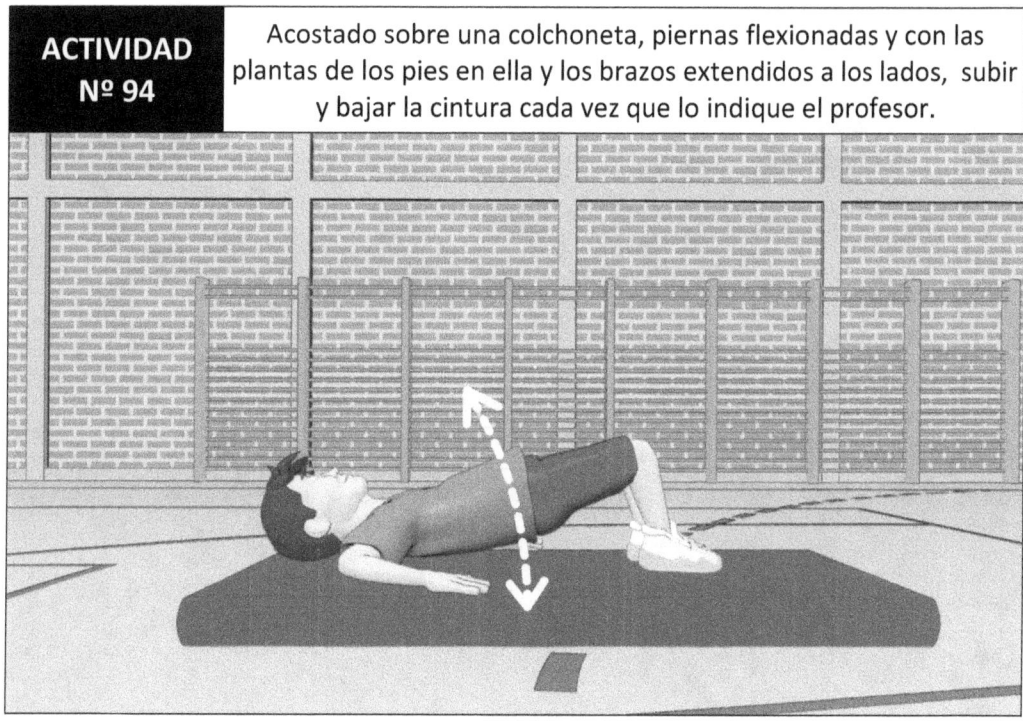

| ACTIVIDAD Nº 95 | Hacer una voltereta hacia atrás quedándonos en la posición indicada por el profesor: con las piernas hacia arriba, agrupados, finalizar el ejercicio arrodillados... |

| ACTIVIDAD Nº 96 | Situados sobre la espalda, con las piernas hacia arriba y las manos en la cintura para mantener la posición, realizar círculos con los pies como si estuviésemos en una bicicleta. |

| ACTIVIDAD Nº 97 | Acostados en el suelo o sobre una colchoneta y agarrados al barrote más bajo de la espaldera, intentar tocar este con los dos pies, un pie, las rodillas… |

| ACTIVIDAD Nº 98 | Subidos a una espaldera ir bajando poco a poco las manos intentando quedar sujetos en el barrote más bajos con pies y manos sin caer al suelo. |

| ACTIVIDAD Nº 99 | Agarrados de una espaldera a una altura media, arquear el cuerpo e intentar alejarlo de ésta sin soltar manos ni mover los pies. |

| ACTIVIDAD Nº 100 | Agarrados a la espaldera y con los pies fijos en el suelo, impulsarnos hacia delante para quedarnos de pie. Comenzar el ejercicio desde barrotes cada vez más bajos. |

100 JUEGOS Y EJERCICIOS DE IMAGEN Y PERCEPCIÓN CORPORAL PARA NIÑOS DE 8 a 10 AÑOS

| ACTIVIDAD N° 1 | Utilizando un globo inflado o un trozo de bolsa de plástico, soplarle y mantenerlo en el aire. |

| ACTIVIDAD N° 2 | Soplar contra un objeto lo más fuerte posible para desplazarlo con rapidez. |

| ACTIVIDAD Nº 3 | Respirar de forma rítmica mientras nos desplazamos por el espacio (2-3 pasos→ inspirar, 2-3 pasos→espirar). |

| ACTIVIDAD Nº 4 | Acostados en el suelo de una forma relajada, realizar movimientos con los brazos a diferentes velocidades y en direcciones variadas: subirlos y bajarlos lentamente, hacia los lados... |

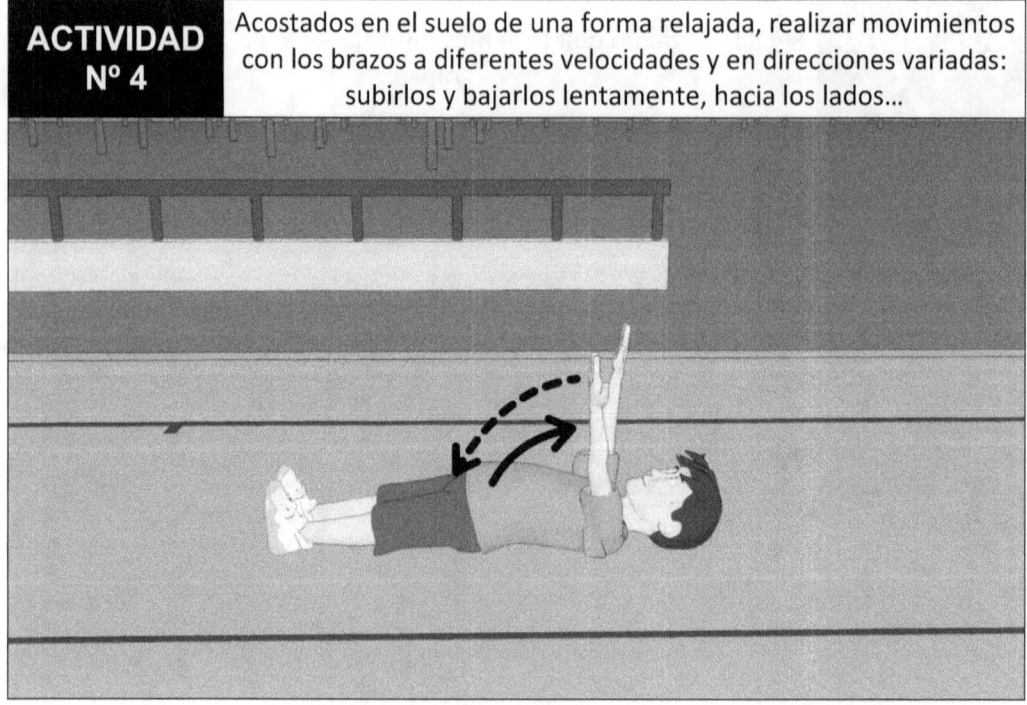

| ACTIVIDAD N° 5 | Acostados en el suelo, seguir las instrucciones del profesor ocupando el menor espacio posible (encogerse) o el mayor espacio posible (estirarse). |

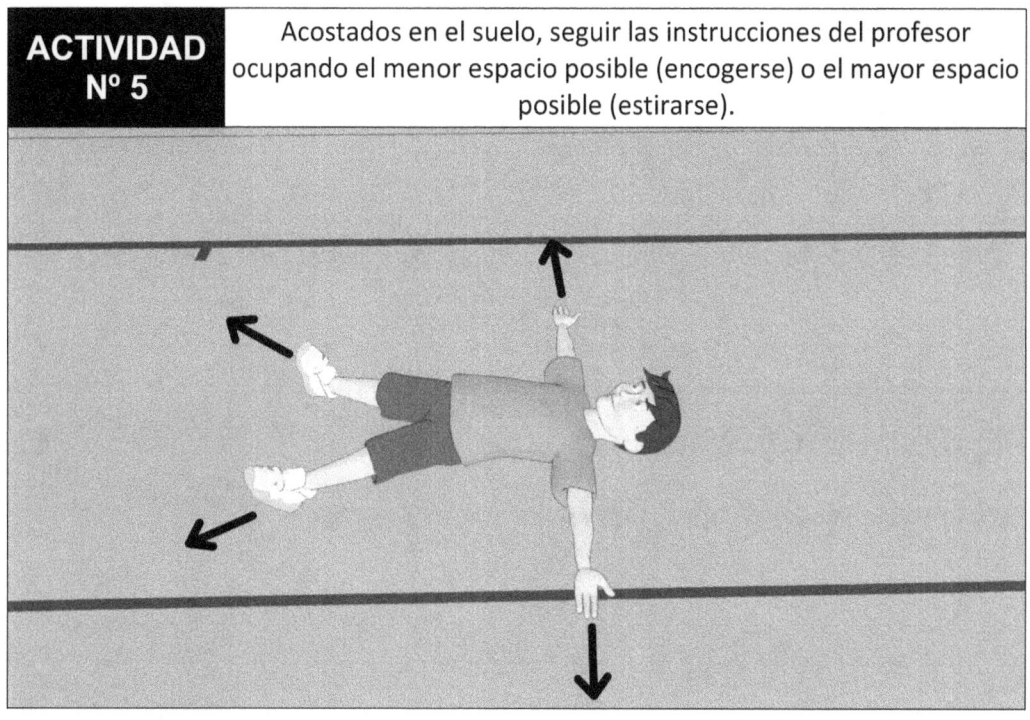

| ACTIVIDAD N° 6 | Acostados en el suelo, subir un brazo lentamente y a continuación hacerlo caer como si se hubiese dormido. Después el brazo contrario. |

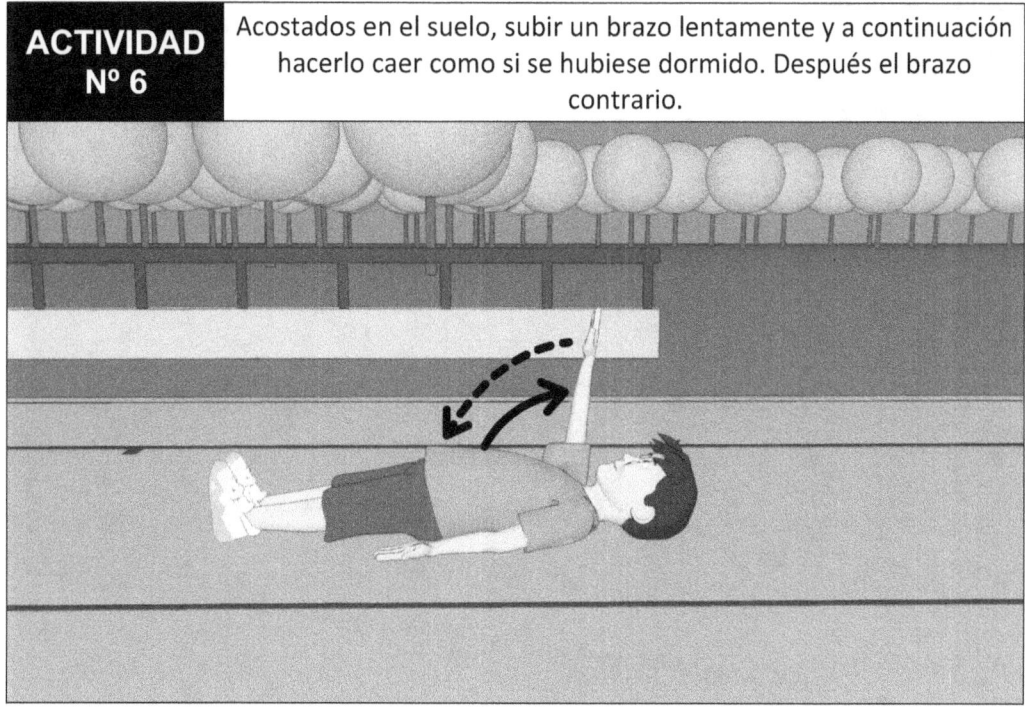

| ACTIVIDAD Nº 7 | Igual que el ejercicio anterior, pero ahora se realiza con una y otra pierna. |

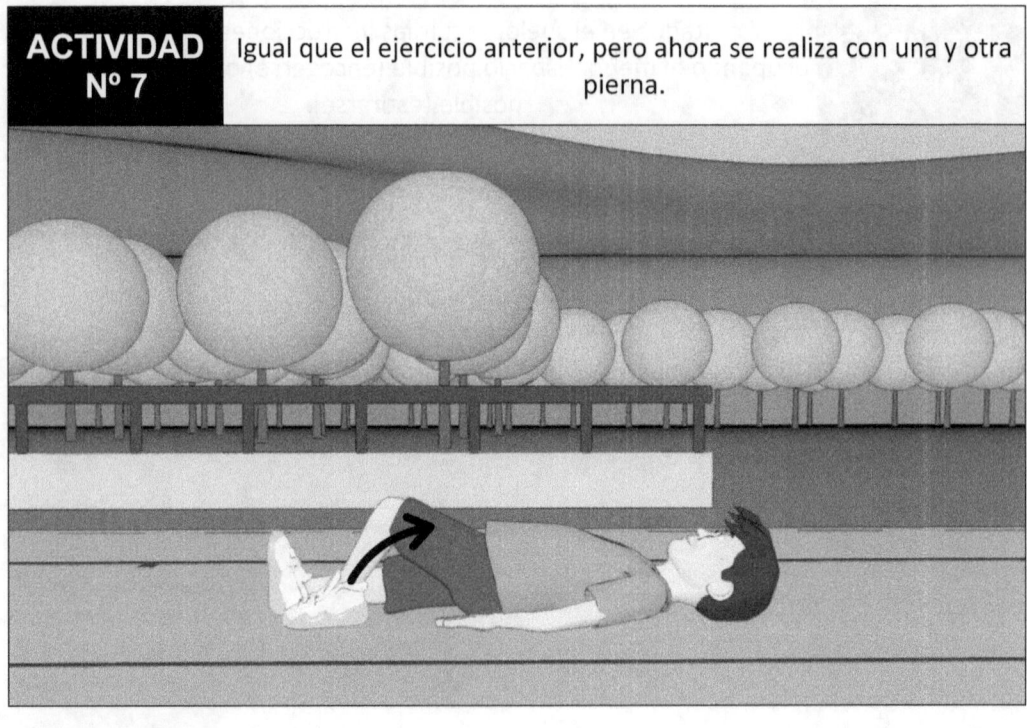

| ACTIVIDAD Nº 8 | Igual que los ejercicios anteriores, aunque esta vez se sube a la vez un brazo y una pierna y se relajan. Después el brazo y pierna contrarios. |

| ACTIVIDAD Nº 9 | Por parejas, situados uno tras otro, el primero hace una figura y el otro compañero adopta la posición contraria. Por ejemplo, si el primero levanta el brazo izquierdo, el otro debe levantar el derecho. |

| ACTIVIDAD Nº 10 | Igual que el ejercicio anterior, pero ahora los alumnos se colocan uno frente a otro e imitan a un espejo. |

| ACTIVIDAD Nº 11 | Jugar a "tú la llevas" o al "coger". Los alumnos que coloquen sus extremidades de forma simétrica quietos en el sitio no pueden ser cogidos. |

| ACTIVIDAD Nº 12 | Por parejas, el primero ejecuta una voltereta hacia delante y el compañero le indica los posibles errores. |

ACTIVIDAD Nº 13 Por parejas, el primero ejecuta una voltereta hacia delante e intenta pararse en el momento en que lo indique su compañero sea cual sea su posición.

ACTIVIDAD Nº 14 Con una venda sobre los ojos (pañuelo, sudadera...) mantenerse en las posiciones que indica el profesor: a pata coja, sobre las punteras, con los brazos en cruz, etc.

| ACTIVIDAD Nº 15 | Con los ojos tapados y con la ayuda de un compañero, ir dando pequeños saltos a pies juntos hacia delante intentando describir una trayectoria lo más recta posible. |

| ACTIVIDAD Nº 16 | Igual que el ejercicio anterior, pero ahora nos desplazamos dando saltos a pata coja. Practicar las dos piernas. |

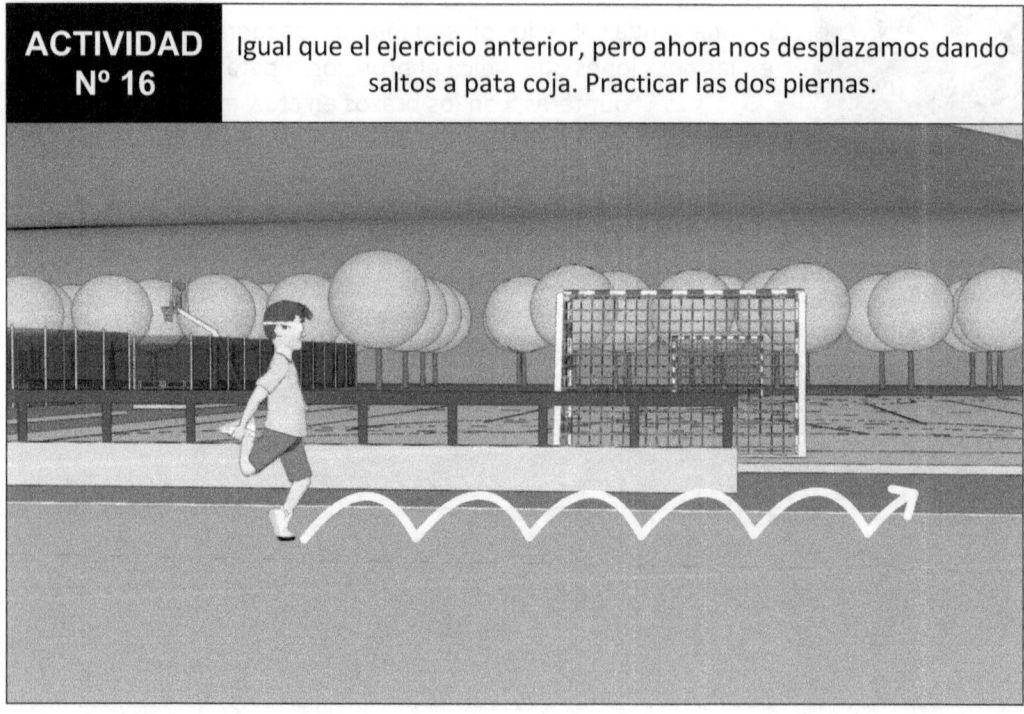

ACTIVIDAD Nº 17

Con los ojos vendados y a pata coja, seguir las indicaciones de un compañero o del profesor. Mover la pierna libre hacia un lado, hacia delante, hacia atrás.

ACTIVIDAD Nº 18

Con los ojos vendados, colocarnos en la posición que nos indica el profesor o un compañero: girar, inclinarse hacia un punto, flexionar...

| ACTIVIDAD Nº 19 | Por parejas, el primero acostado en el suelo, y el segundo mueve las extremidades de su compañero como si fuese un muñeco. |

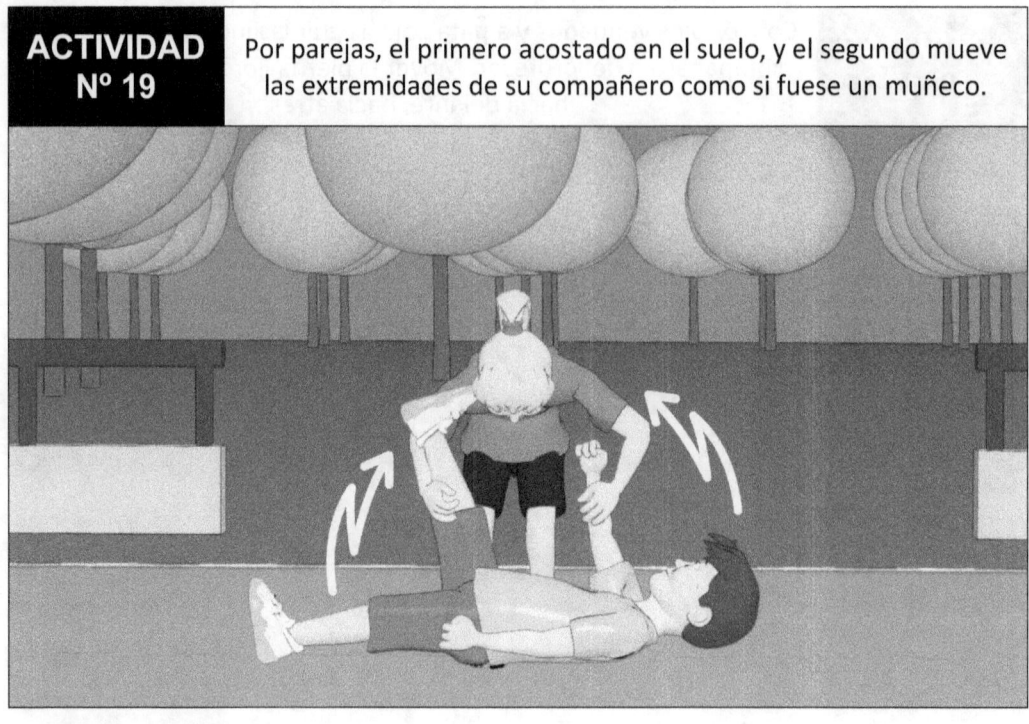

| ACTIVIDAD Nº 20 | Igual que el ejercicio anterior, pero ahora el alumno inmóvil está de pie y el otro lo mueve como si fuese una estatua. |

ACTIVIDAD Nº 21 — Por parejas, tirar de un compañero que está en "peso muerto".

ACTIVIDAD Nº 22 — Por parejas, el primero acostado y con los brazos relajados, y el segundo va levantando las extremidades que indica el profesor: brazo derecho, brazo izquierdo. Después cambio de roles.

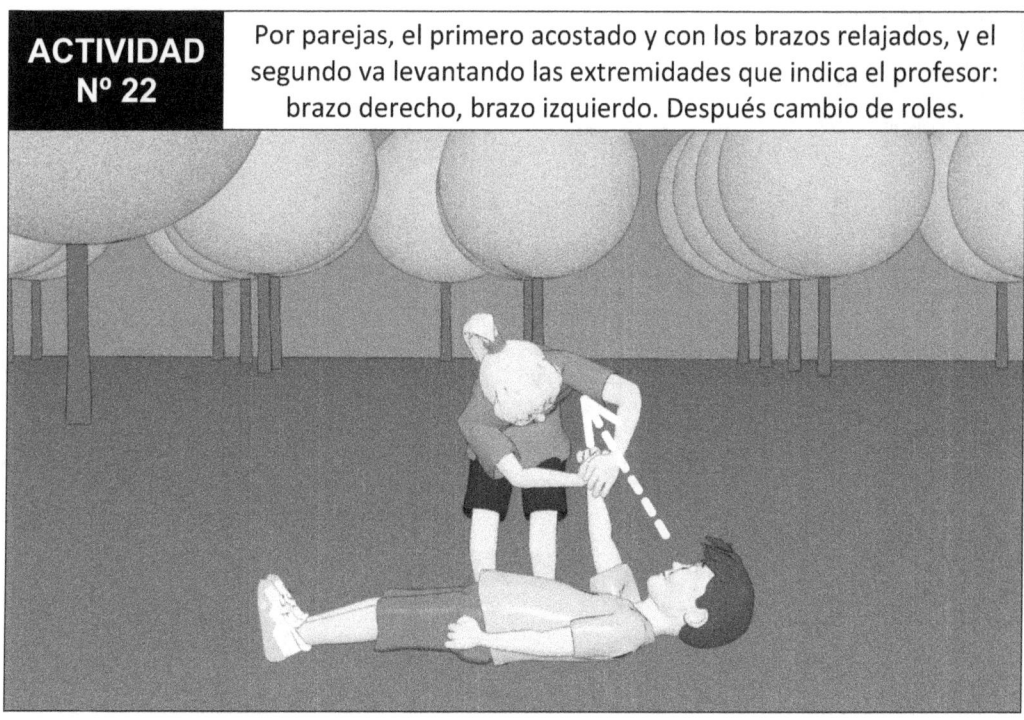

| ACTIVIDAD Nº 23 | Por parejas, haciendo la carretilla, el que tiene las manos en el suelo flexiona su cuerpo o lo estira según indique el profesor. |

| ACTIVIDAD Nº 24 | Por parejas, desplazándose por todo el terreno de juego, intentar tocar la parte del compañero que indique el profesor y que no toquen la tuya (rodilla, codo...). |

| ACTIVIDAD Nº 25 | Igual que el ejercicio anterior, pero ahora el objetivo es tocar en una parte determinada de la espalda (hombro, columna...). |

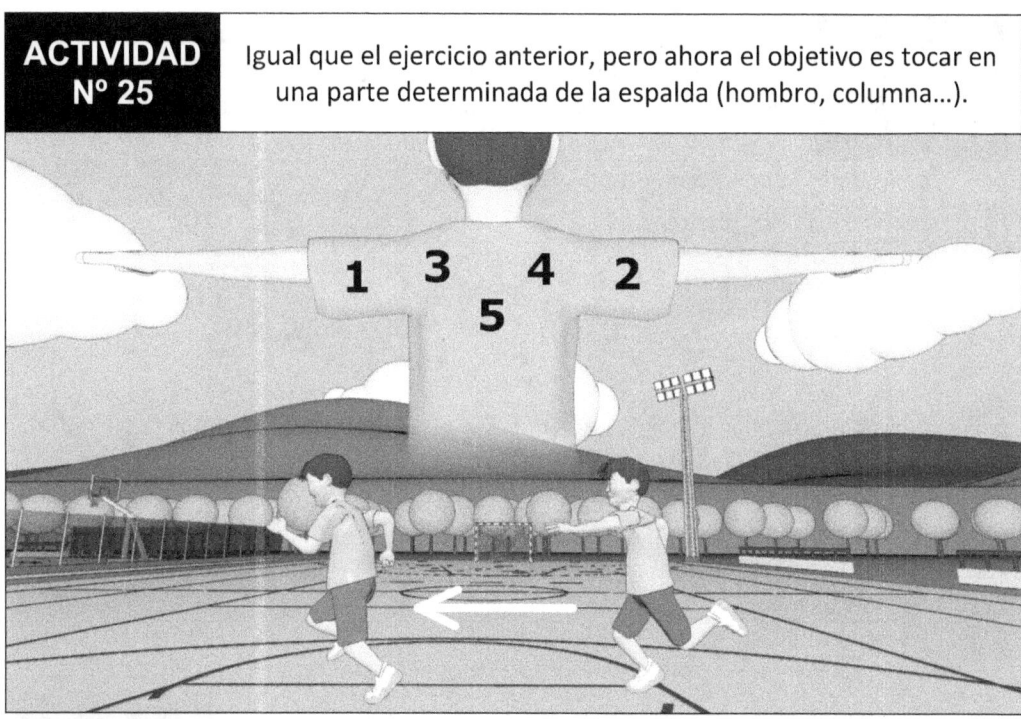

| ACTIVIDAD Nº 26 | Por parejas, desplazarse por el terreno de juego agarrados de la mano, de la camiseta, del pantalón... sin chocarse con el resto de compañeros.
Variante: desplazarse en otras direcciones (hacia atrás, hacia los lados etc...) |

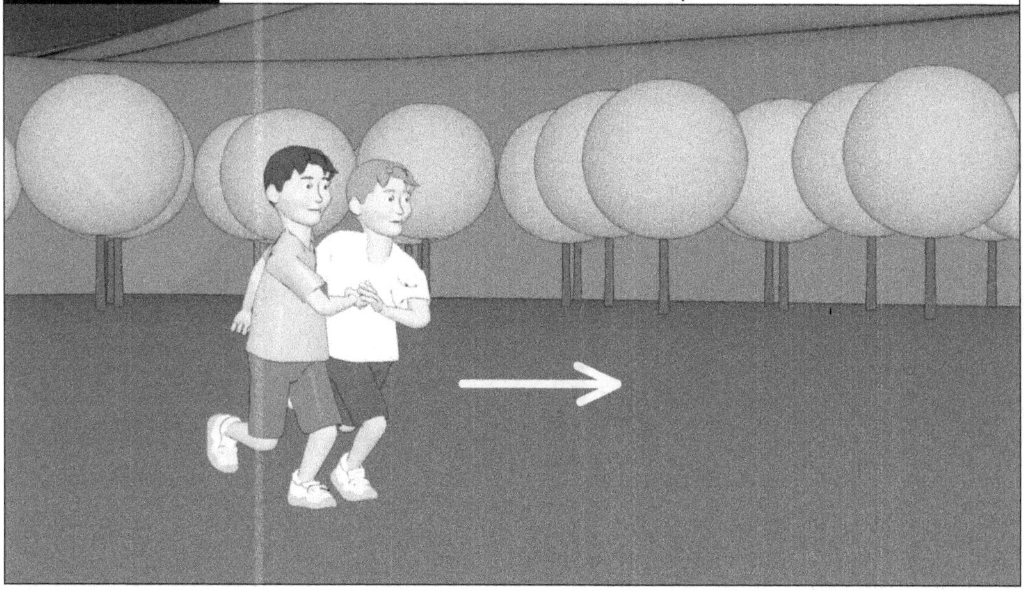

ACTIVIDAD Nº 27

Todos los alumnos sentados por parejas, agarrados por los codos de espalda a nuestro compañero. Desde esta posición realizar las acciones que indique el profesor: subir y bajar, tocar un objeto, desplazarse hacia algún sitio, etc.

ACTIVIDAD Nº 28

Por parejas, desplazándonos por todo el terreno de juego con los brazos cruzados, intentar tocar la zona del cuerpo del compañero que indique el profesor.

| ACTIVIDAD Nº 29 | Tras establecer dos equipos, desplazarse por el terreno de juego en la posición indicada por el profesor (con las manos arriba, una mano en el pecho...), intentando atrapar a todos los componentes del equipo contrario. |

| ACTIVIDAD Nº 30 | Por parejas, agarrados por los codos de espalda a nuestro compañero, movernos en la dirección que señala el profesor. |

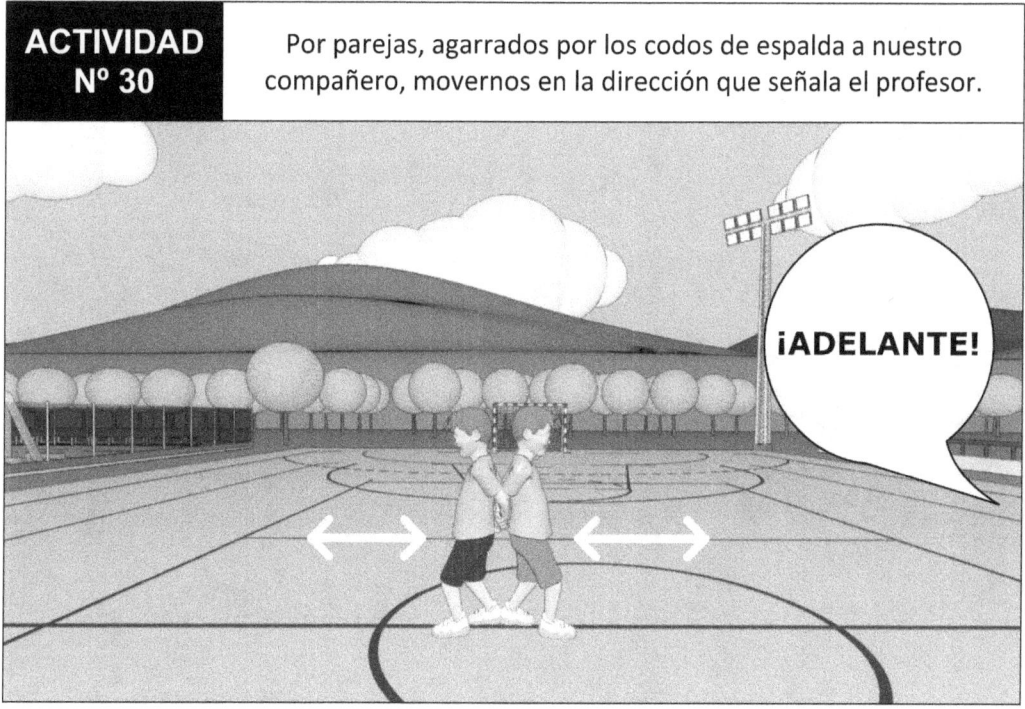

| ACTIVIDAD Nº 31 | Dispuestos en equipos de cuatro y agarrados cada uno a dos compañeros por los codos como muestra la ilustración, desplazarse en la dirección que señala el profesor lo más rápido posible y sin soltarse. |

| ACTIVIDAD Nº 32 | Por parejas, con una cuerda, el primero tira de ella y arrastra al segundo que está tendido en el suelo. |

| ACTIVIDAD N° 33 | Individualmente, con una cuerda, hacerlo girar en todas las direcciones posibles mientras caminamos o corremos por el espacio de trabajo. |

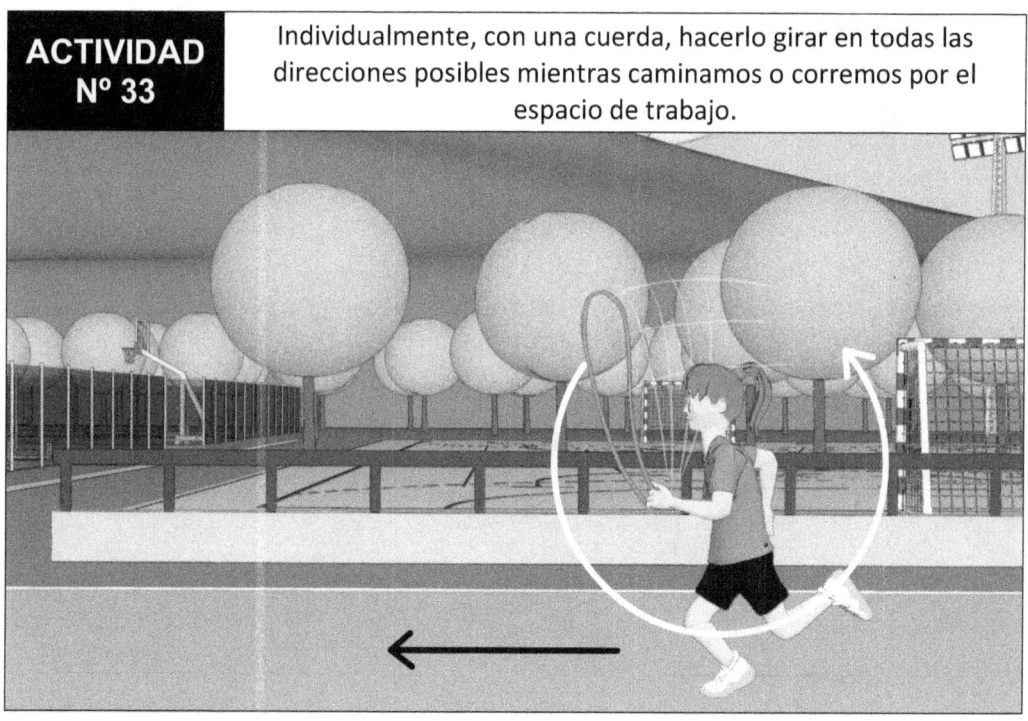

| ACTIVIDAD N° 34 | Por parejas o en grupos, con una cuerda, uno se coloca en el centro y comienza a girar extendiendo la cuerda. El resto de alumnos intenta saltarla sin interrumpir el movimiento. |

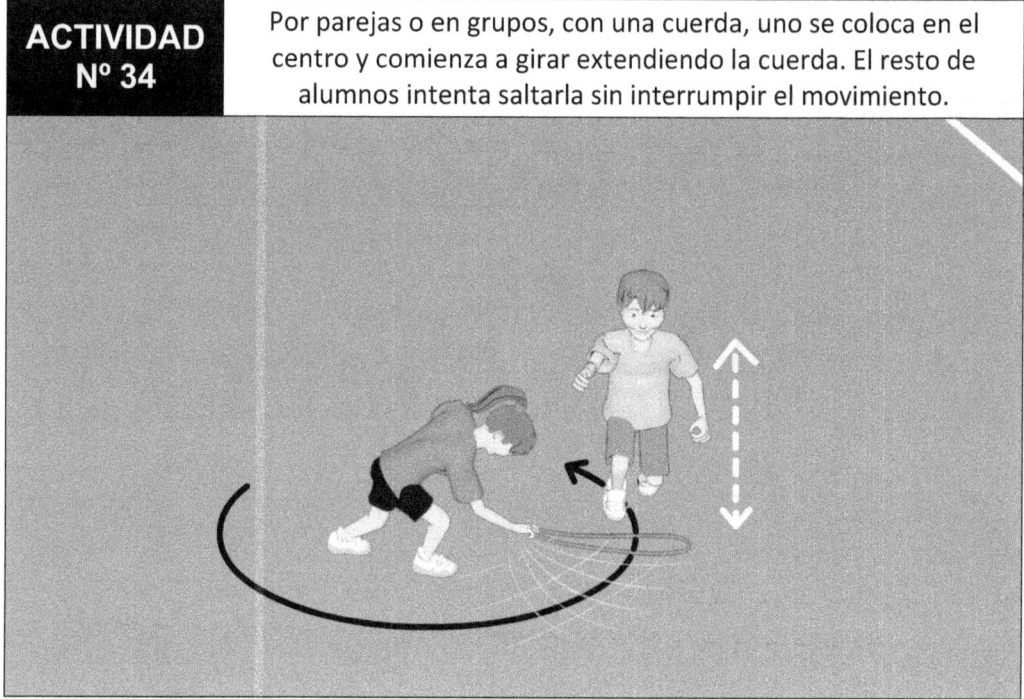

| ACTIVIDAD Nº 35 | Individualmente, con una cuerda, y sentados en el suelo, apoyar un pie en la mitad de la cuerda tensándola y extendiendo la pierna mientras la elevamos. |

| ACTIVIDAD Nº 36 | En la misma disposición que el ejercicio anterior pero ahora apoyamos las dos piernas e intentamos elevarlas manteniendo el cuerpo en equilibrio. |

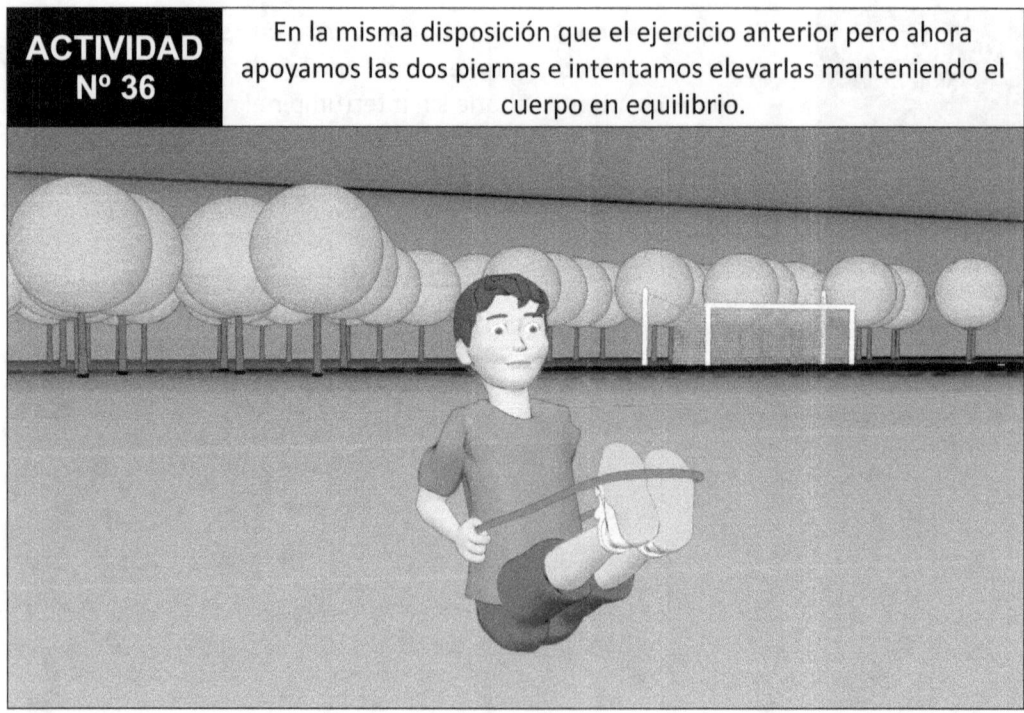

| ACTIVIDAD Nº 37 | Individualmente, con una cuerda, intentar describir un circulo sin movernos de la posición que indique el profesor (arrodillados, piernas abiertas,...) |

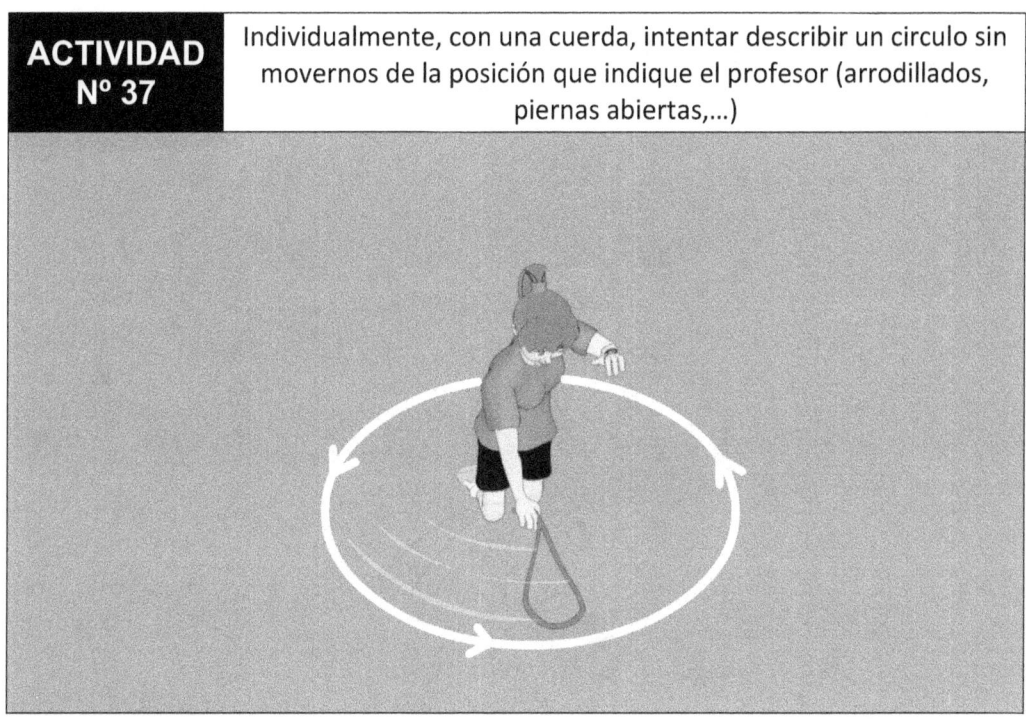

| ACTIVIDAD Nº 38 | Sentados en el suelo, con las piernas completamente estiradas, inclinarnos hacia delante intentando llevar una cuerda lo más lejos posible. |

ACTIVIDAD Nº 39 — Sentados en el borde de una colchoneta, hacer la cuna y volver a la posición inicial.

ACTIVIDAD Nº 40 — Igual que el ejercicio anterior, pero ahora, a la ida, nos quedamos con las piernas hacia arriba apoyándonos sobre la espalda como muestra la ilustración.

| ACTIVIDAD Nº 41 | Corriendo a diferentes velocidades de forma progresiva, saltar sobre un banco sueco intentando caer en la marca. |

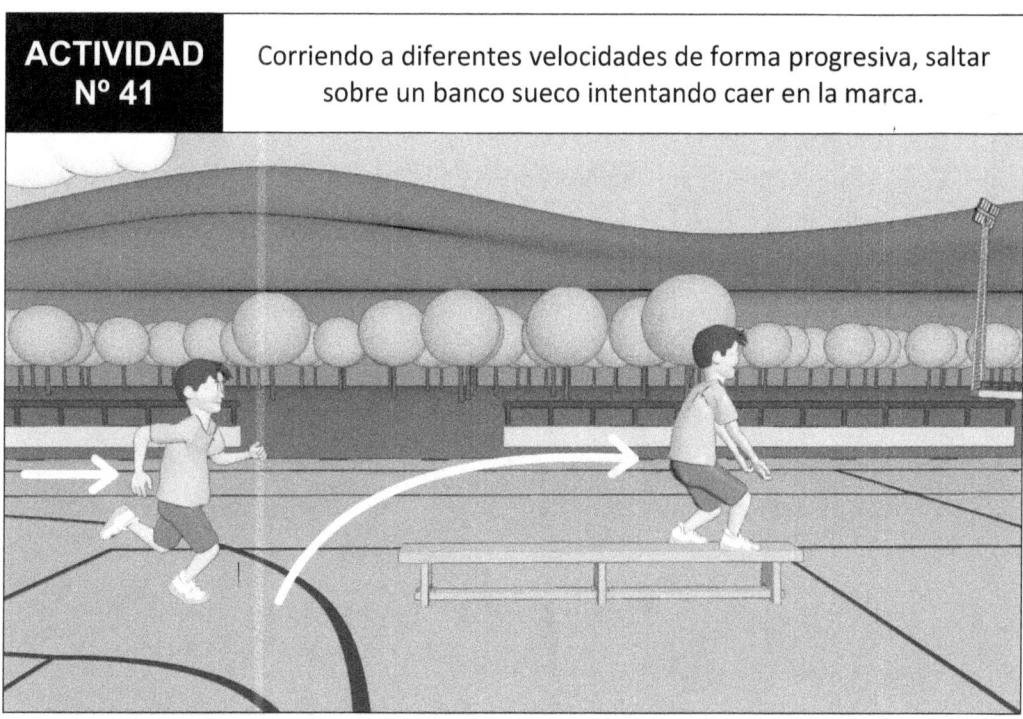

| ACTIVIDAD Nº 42 | Tras colocar uno o dos cajones de plinto, correr y saltar por encima de un obstáculo situado al principio sin derribarlo. |

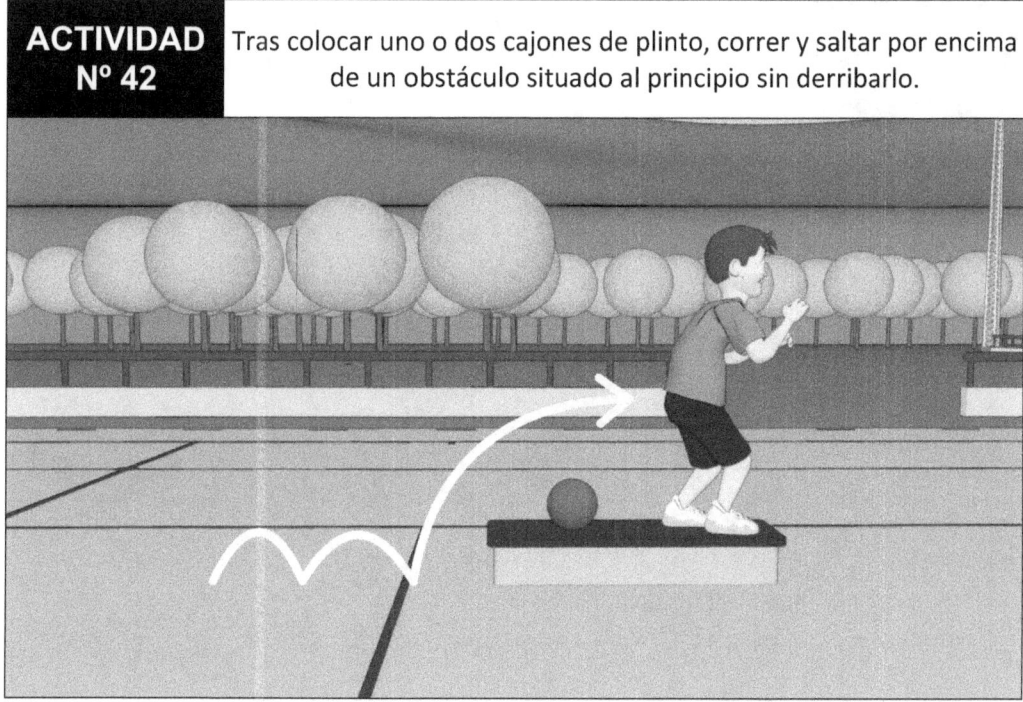

| ACTIVIDAD Nº 43 | En la misma disposición que el ejercicio anterior, correr hacia el plinto y caer con un pie a cada lado del obstáculo que se ha colocado. |

| ACTIVIDAD Nº 44 | Individualmente, sentados en el suelo con un aro en nuestra cintura, subirlo y bajarlo mientras giramos el cuerpo a ambos lados. |

| ACTIVIDAD Nº 45 | Individualmente o por parejas, sentados en el suelo con un aro situado a nuestra espalda, girar a cada lado de forma alternativa y tocar dentro del aro. |

| ACTIVIDAD Nº 46 | Tras hacer rodar un aro hacia delante, intentar adelantarlo lo más rápido posible para atraparlo. |

| ACTIVIDAD Nº 47 | Tras hacer rodar un aro hacia delante, intentar adelantarlo para colocar una mano en el suelo en su trayectoria para que el aro salte y siga su movimiento. |

| ACTIVIDAD Nº 48 | Mantener un aro en equilibrio sobre la palma de la mano a media que nos desplazamos por el espacio de trabajo. ¿Quién se lo cambia de mano sin que caiga al suelo? |

| ACTIVIDAD Nº 49 | En el sitio, haciendo equilibrio con un aro sobre las palmas de las manos, cambiar el apoyo girando las manos colocándolo esta vez sobre los dorsos. |

| ACTIVIDAD Nº 50 | Por parejas, con un aro, agarra cada uno por un lado y desplazarse por el espacio de trabajo siguiendo las indicaciones del profesor. |

ACTIVIDAD Nº 51	Por parejas, manteniendo un aro en el aire sujetándolo con un pie de cada compañero (derecha de uno e izquierda del otro) desplazarse por el espacio de trabajo siguiendo las indicaciones del profesor.

ACTIVIDAD Nº 52	Por parejas, tras colocar un aro en el suelo en medio, correr a su alrededor siguiendo las indicaciones del profesor.

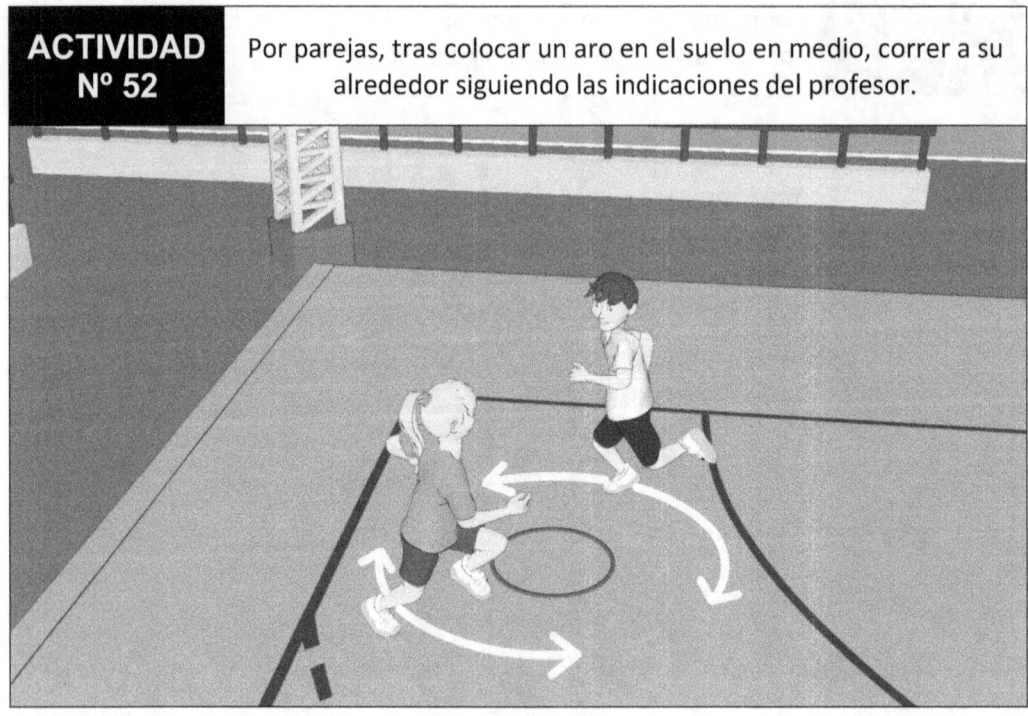

ACTIVIDAD Nº 53	Distribuidos los alumnos en dos grupos, el primero con aros los hace rodar por el suelo utilizando todo el terreno de juego. A la señal del profesor, el otro equipo trata de quitarle los aros a sus oponentes.

ACTIVIDAD Nº 54	Individualmente, con una pica apoyada en el suelo verticalmente como muestra la ilustración, realizar los movimientos que indica el profesor: flexionar piernas, colocarnos de puntera, abrir-cerrar piernas con salto intermedio, etc.

ACTIVIDAD Nº 55: En la misma disposición que el ejercicio anterior, correr alrededor de la pica hacia el lado que indica el profesor.

ACTIVIDAD Nº 56: Individualmente, con una pica apoyada en el suelo, soltarla e intentar dar un cuarto de vuelta sobre ella para recogerla antes que caiga al suelo. A medida que lo vamos consiguiendo aumentaremos la cantidad de giro (media vuelta, tres cuartos, vuelta completa).

| ACTIVIDAD Nº 57 | Individualmente con una pica, sujetarla con los brazos completamente extendidos por el sitio que indica el profesor, cambiando de posición lo más rápido posible a cada instrucción: por un extremo, por la mitad, al otro extremo... |

| ACTIVIDAD Nº 58 | Acostados en el suelo con un frisbee sobre la cabeza, mantenerlo en equilibrio para que no caiga al suelo. |

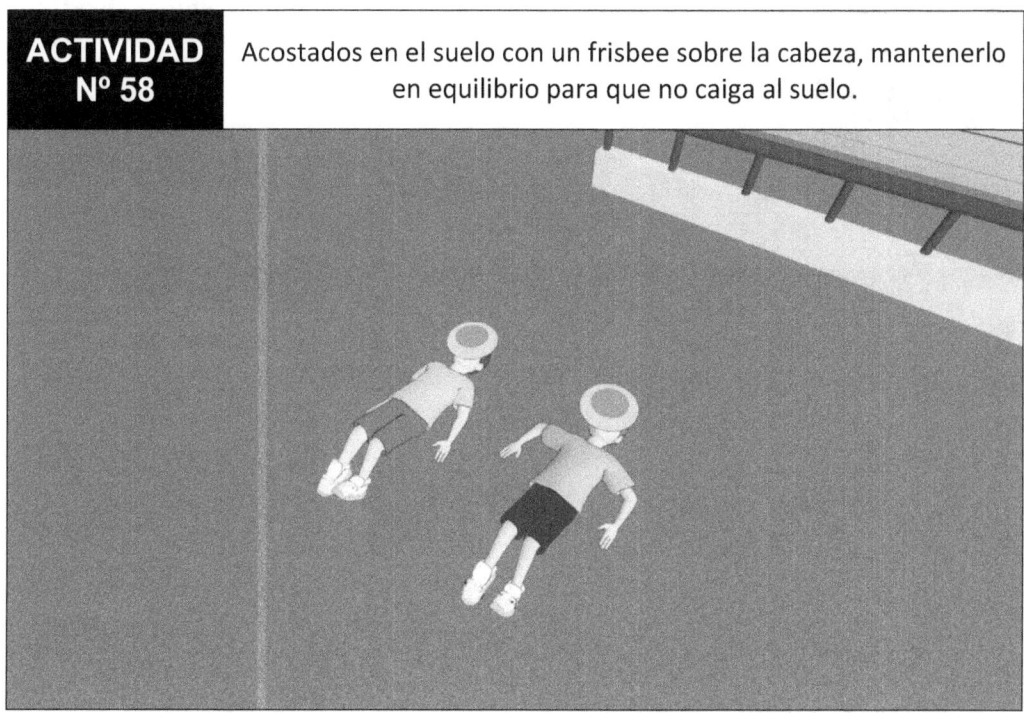

| ACTIVIDAD Nº 59 | Igual que el ejercicio anterior, pero ahora los alumnos se colocan de rodillas en el suelo, sentados. |

| ACTIVIDAD Nº 60 | Individualmente con un frisbee, manteniendo las piernas abiertas, pasar el frisbee entre éstas lo más rápido posible describiendo la trayectoria de un ocho. |

| ACTIVIDAD Nº 61 | Individualmente con un frisbee, hacer equilibrio con él o moverlo de un sitio a otro sin atraparlo con la mano y sin que se caiga al suelo. |

| ACTIVIDAD Nº 62 | Individualmente con dos frisbee, colocarlos en diferentes partes del cuerpo haciendo equilibrio sin que ninguno caiga al suelo. |

| ACTIVIDAD Nº 63 | Igual que el ejercicio anterior, pero ahora intentamos hacer equilibrio con tres discos. |

| ACTIVIDAD Nº 64 | Individualmente, con un frisbee sobre la cabeza y situados en diferentes posiciones (sentado, flexión de brazos, carretilla...), desplazarse por el espacio de trabajo sin que el frisbee caiga al suelo. |

| ACTIVIDAD Nº 65 | Individualmente, con un frisbee sobre el dorso de una mano y sentados sobre los talones, desplazarse hacia delante sin caer el frisbee. |

| ACTIVIDAD Nº 66 | Individualmente, con dos frisbees, desplazarse a pata coja en todas direcciones con los brazos en cruz haciendo equilibrio con un frisbee en cada mano sin que caigan al suelo. |

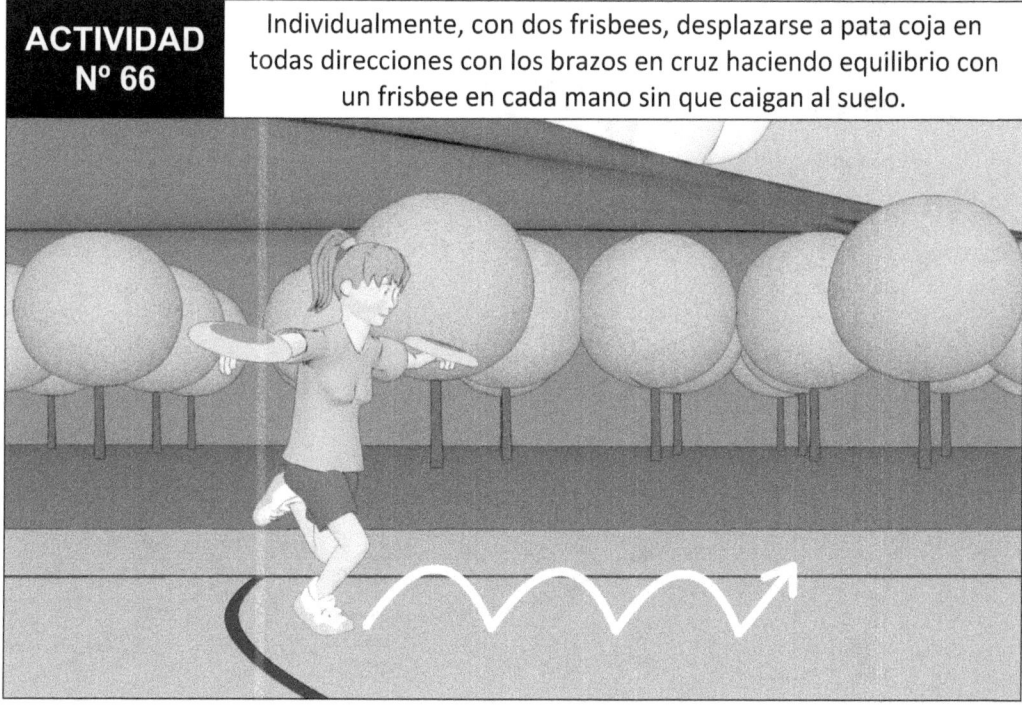

| ACTIVIDAD Nº 67 | Desplazarse por el espacio de trabajo (marcado con obstáculos u otras indicaciones) apoyando con diferentes zonas de los pies: interior, exterior, talones, punteras, tacón, punta... |

| ACTIVIDAD Nº 68 | Igual que el ejercicio anterior, pero ahora nos desplazamos hacia atrás sin chocar con los obstáculos. |

ACTIVIDAD Nº 69 — Tras colocar una gran cantidad de aros por el suelo, desplazarse pisando siempre dentro de ellos con las piernas completamente en tensión.

ACTIVIDAD Nº 70 — Igual que el ejercicio anterior, pero ahora pisamos con la pierna en tensión dentro de cajones de plinto.

| ACTIVIDAD Nº 71 | Igual que los dos ejercicios anteriores, pero ahora nos desplazamos hacia atrás pisando en los aros y en los cajones de plinto. |

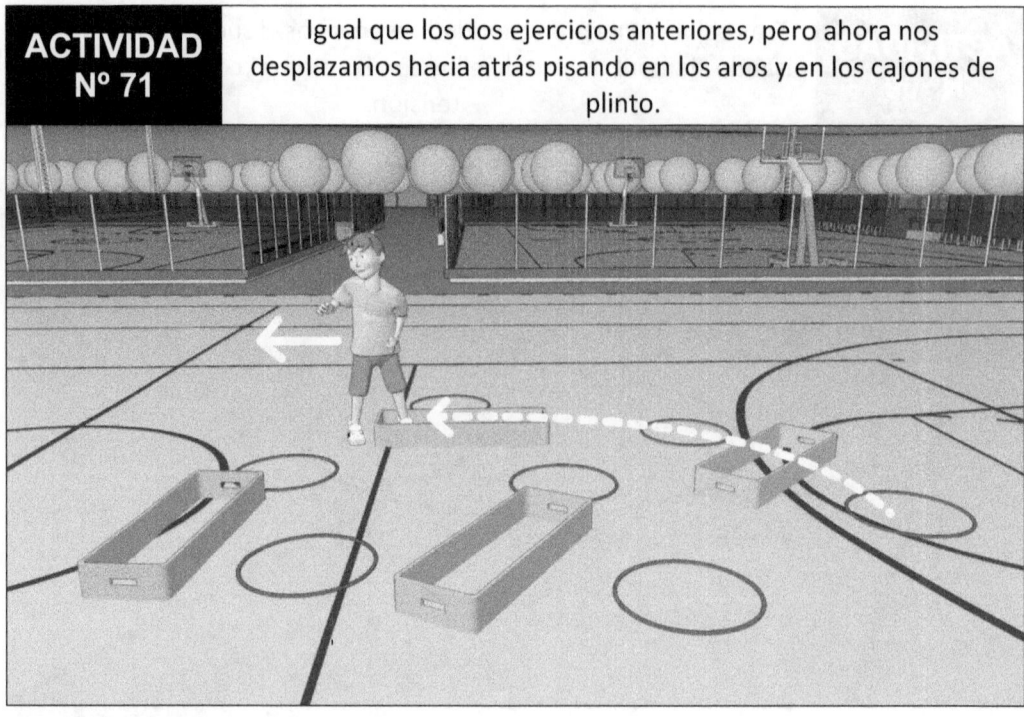

| ACTIVIDAD Nº 72 | Individualmente con una pelota, botarla con las dos manos a la vez mientras estamos parados. A continuación lo hacemos igual pero desplazándonos a diferentes velocidades. |

| ACTIVIDAD Nº 73 | Igual que el ejercicio anterior, pero ahora botamos la pelota con una mano. Realizar el ejercicio también con la mano contraria. |

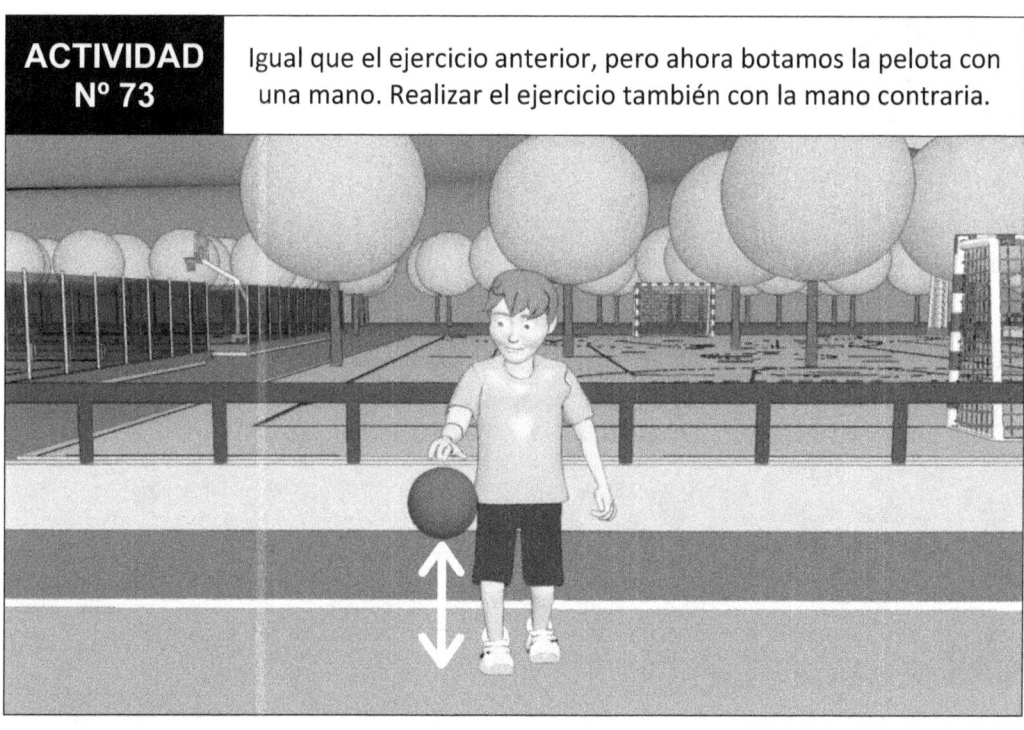

| ACTIVIDAD Nº 74 | Individualmente con una pelota, lanzarla fuerte contra el suelo con las dos manos de modo que llegue por encima de nuestra cabeza y la recojamos cuando vaya descendiendo. |

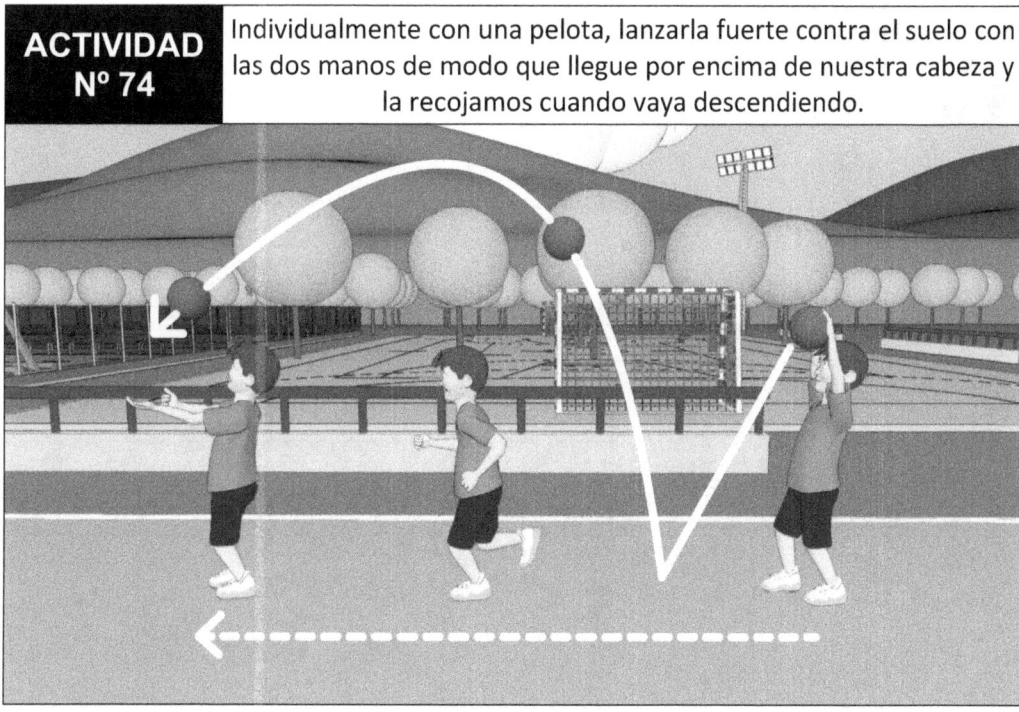

| ACTIVIDAD Nº 75 | Igual que el ejercicio anterior, pero ahora realizamos el lanzamiento con una mano. |

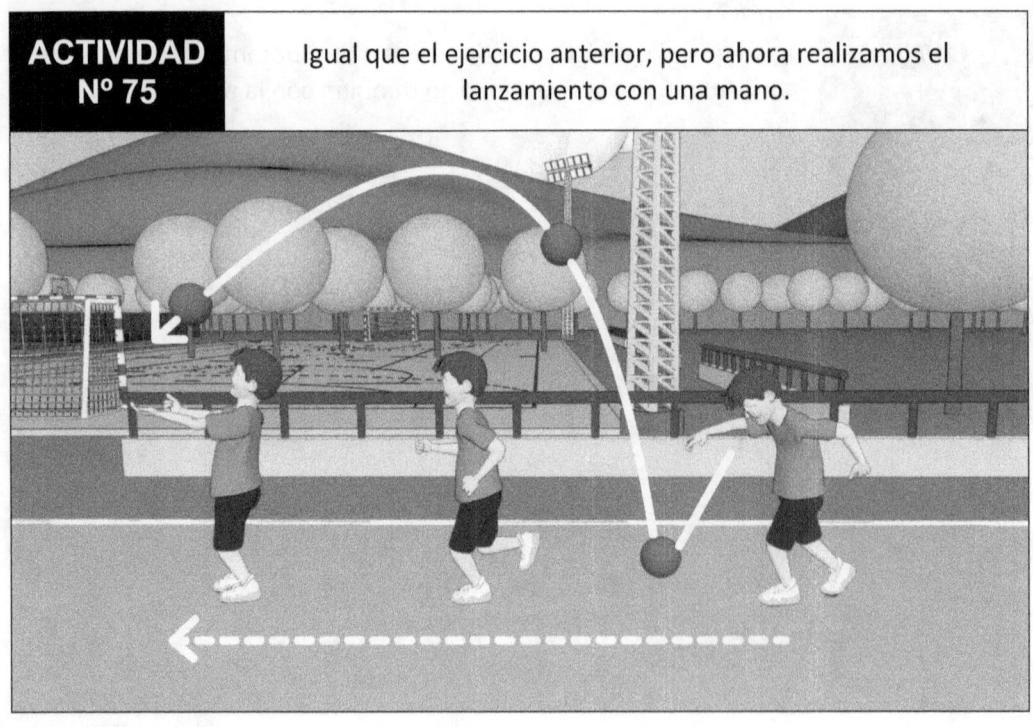

| ACTIVIDAD Nº 76 | Por parejas, con una pelota, pasarla al compañero del mayor número de formas posible: de gancho, entre las piernas, de espalda... |

| ACTIVIDAD Nº 77 | Igual que el ejercicio anterior, pero ahora realizamos el pase golpeando la pelota con diferentes partes del cuerpo: palma de la mano, codo, cabeza... |

| ACTIVIDAD Nº 78 | Individualmente con un balón, sentados en el suelo, hacer que la pelota vaya dando vueltas por nuestra espalda y entre las piernas. ¿Quién consigue hacer el movimiento más rápido? |

| ACTIVIDAD Nº 79 | Igual que el ejercicio anterior, pero ahora los alumnos están acostados en el suelo y se pasan la pelota entre las piernas flexionadas. |

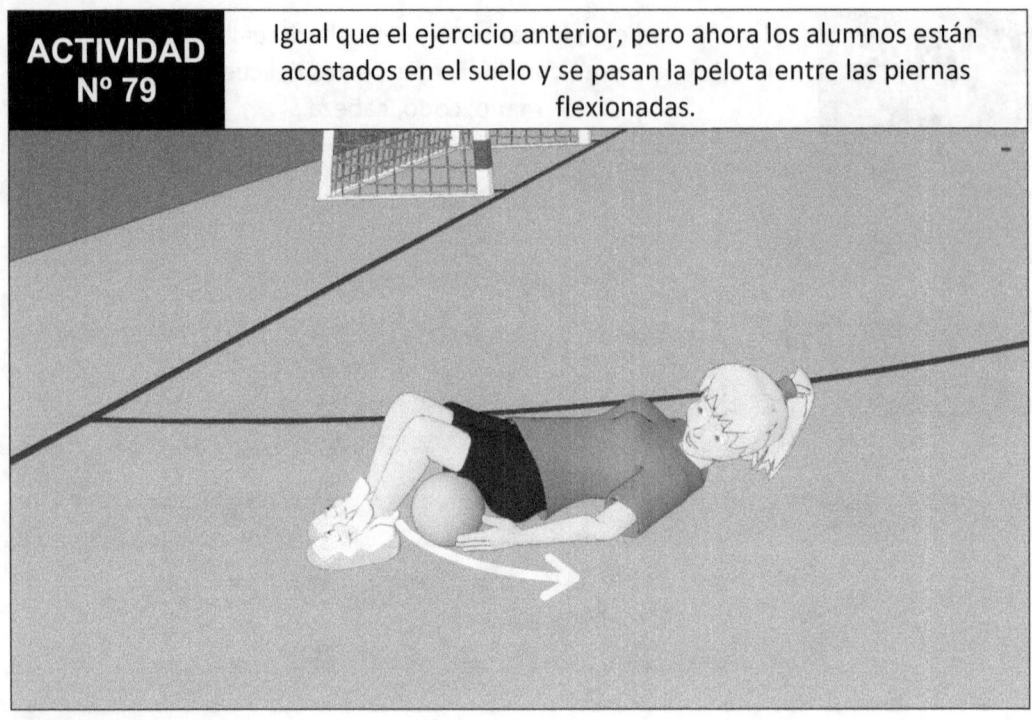

| ACTIVIDAD Nº 80 | Sentados en el suelo con una pelota en el vientre, flexionar el tronco y los muslos para atrapar la pelota. Desde esta posición hacer la "cuna". |

ACTIVIDAD Nº 81

Individualmente con una pelota, mantenerlo en el aire sobre la palma de la mano con el brazo totalmente estirada. A continuación relajar el brazo dejando caer al suelo la pelota.

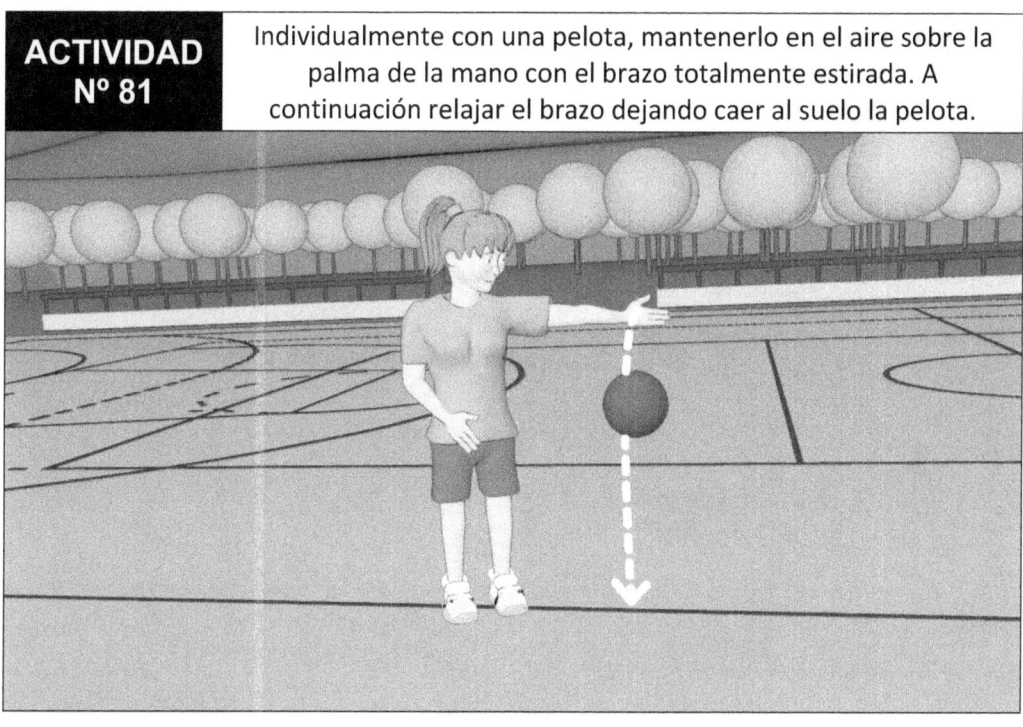

ACTIVIDAD Nº 82

Individualmente con una pelota, hacer presión con dos partes del cuerpo para que no caiga al suelo: dos manos, dos rodillas, dos tobillos, mano-cabeza...

ACTIVIDAD Nº 83 — Por parejas, con un balón, intentar quitarle el balón al compañero tirando hacia el lado contrario.

ACTIVIDAD Nº 84 — Igual que el ejercicio anterior, pero ahora uno abraza el balón y el otro intenta quitárselo tirando de él con las manos.

ACTIVIDAD Nº 85 — Igual que los ejercicios anteriores, pero ahora el que sujeta el balón lo hace entre las rodillas sentado en el suelo.

ACTIVIDAD Nº 86 — Por parejas, con un balón, uno atrapa el balón con diferentes partes del cuerpo y el otro le da un golpe intentando moverlo.

ACTIVIDAD Nº 87 — Individualmente con un balón, mantenerlo en el aire con el brazo extendido a un lado. Desde esta posición golpear el balón de forma alternativa con la palma y con el dorso de la mano.

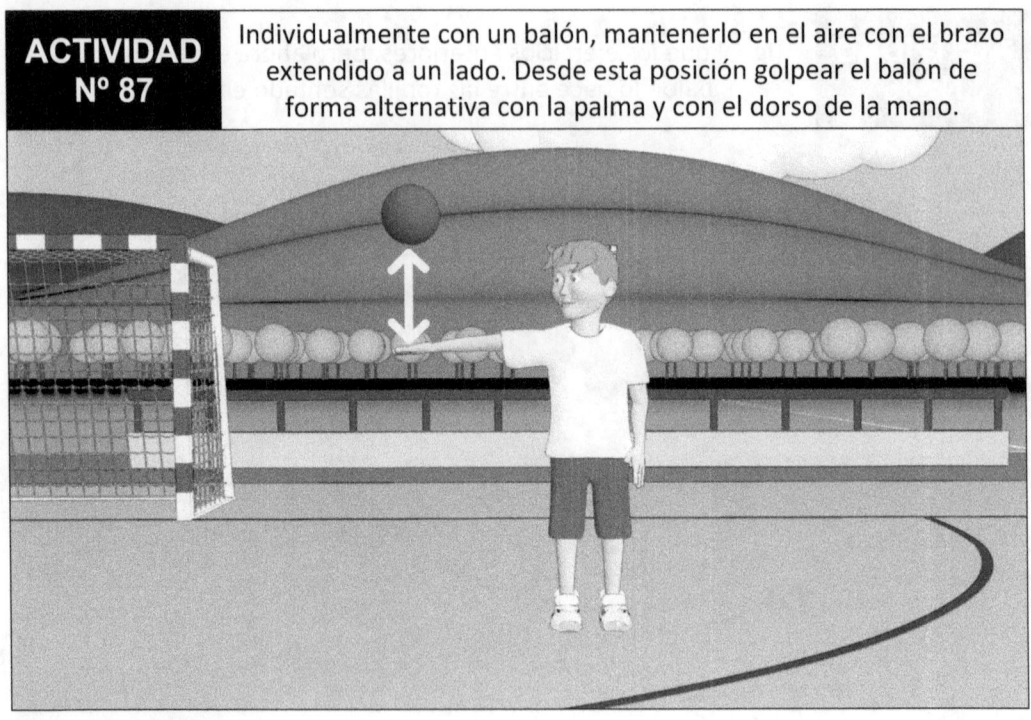

ACTIVIDAD Nº 88 — Igual que el ejercicio anterior, pero ahora los golpeos se realizan con el antebrazos.

| **ACTIVIDAD Nº 89** | Individualmente con un balón, golpearlo con el codo intentando mantenerlo en el aire. |

| **ACTIVIDAD Nº 90** | Individualmente con un balón, lanzarlo al aire y golpearlo con el hombro para después recogerlo de nuevo con la mano. Repetir el movimiento y hacerlo cada vez de una forma más fluida. |

ACTIVIDAD Nº 91 — Igual que el ejercicio anterior, pero ahora lanzamos el balón al aire y lo golpeamos con la parte alta de la espalda.

ACTIVIDAD Nº 92 — Igual que el ejercicio anterior, pero ahora golpeamos con la parte baja de la espalda.

ACTIVIDAD Nº 93 Por parejas, con una pelota de tenis, pasarla al compañero y recogerla con la misma mano que ha utilizado el lanzador.

ACTIVIDAD Nº 94 Igual que el ejercicio anterior, pero ahora atrapamos la pelota con una mano y la lanzamos con la contraria. Realizar el ejercicio con las dos manos.

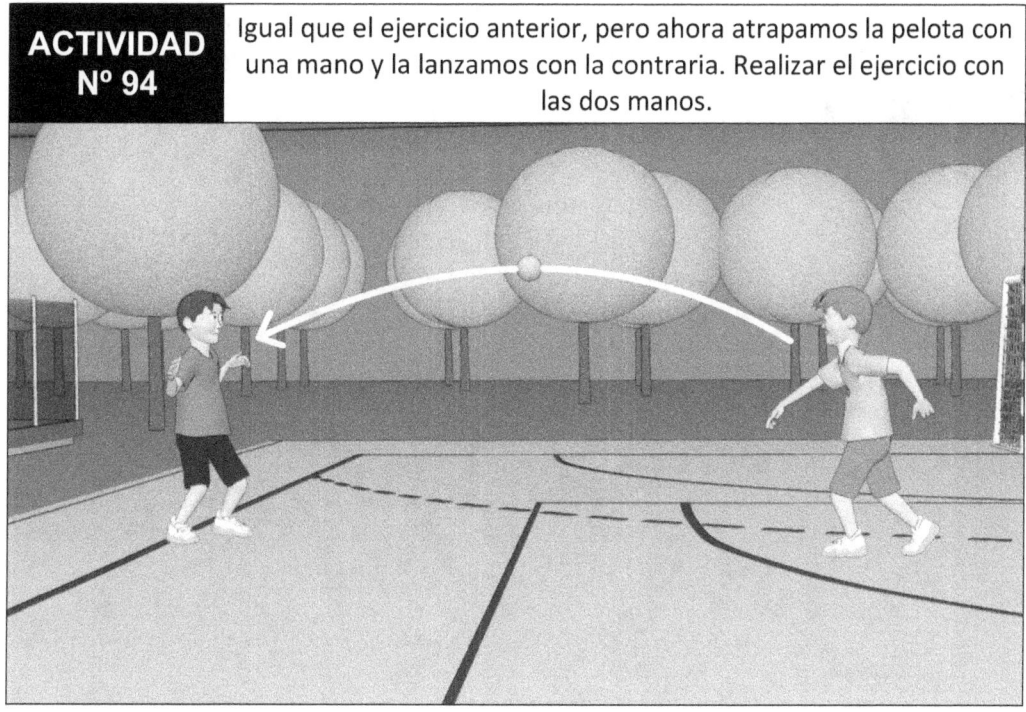

| ACTIVIDAD Nº 95 | Por parejas, con una pelota de tenis cada alumno, intentar tocar a nuestro compañero en la zona establecida sin que te toquen (brazo, hombro, espalda...) |

| ACTIVIDAD Nº 96 | Por parejas, con una pelota de tenis cada uno, y dentro de un aro como muestra la ilustración, intentar quitarle la pelota al compañero sin que te la quiten a ti. |

ACTIVIDAD Nº 97

Por parejas, con una pelota de tenis, pasarla al compañero que, sin dejarla botar, la golpea dos veces con cualquier parte del cuerpo y la devuelve a su compañero para repetir la acción.

ACTIVIDAD Nº 98

Igual que el ejercicio anterior, pero ahora el primer toque se debe dar con cualquier extremidad del lado izquierdo y el segundo con cualquier extremidad del lado derecho.

ACTIVIDAD Nº 99	Individualmente o por grupos, tras colocar una diana en una pared (silueta humana, animal, círculos...) realizar lanzamientos con una pelota de tenis golpeando en la zona acordada.

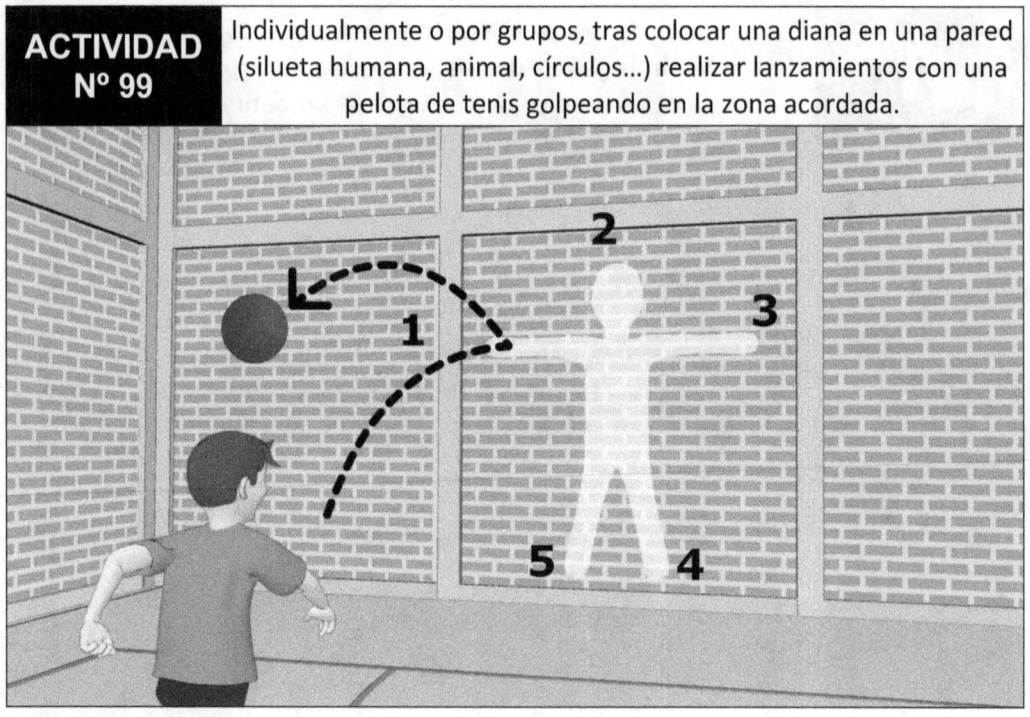

ACTIVIDAD Nº 100	Igual que el ejercicio anterior, pero ahora el lanzamiento se realiza tras el pase de un compañero de modo que los alumnos tengan menos tiempo de preparación.

100 JUEGOS Y EJERCICIOS DE IMAGEN Y PERCEPCIÓN CORPORAL PARA NIÑOS DE 6 a 8 AÑOS

| ACTIVIDAD Nº 1 | Desplazarse por el terreno de juego con las piernas completamente estiradas (con apoyo de diferentes partes del pie: talones, punteras, laterales) mientras sorteamos todo tipo de obstáculos. |

| ACTIVIDAD Nº 2 | Desplazarse por un espacio repleto de aros con las piernas completamente estiradas (con apoyo de diferentes partes del pie: talones, punteras, laterales). |

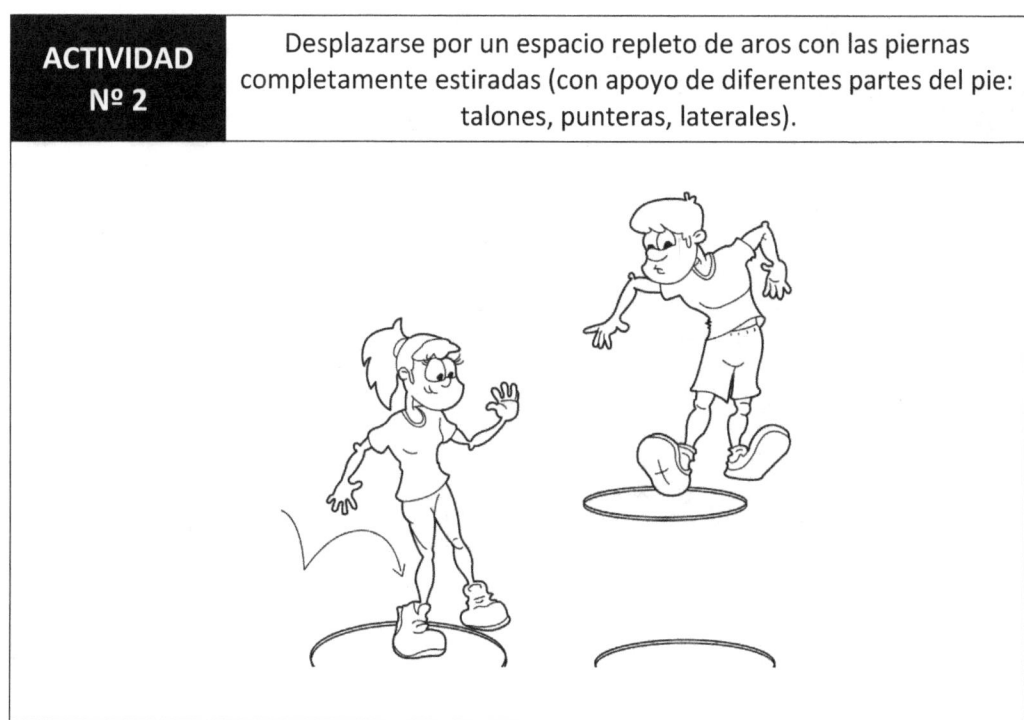

| ACTIVIDAD Nº 3 | Desplazarse por el terreno del juego pisando con un pie de una forma y con el otro pie de una diferente según indique el profesor. (pie derecho con puntera y pie izquierdo con talón...). |

| ACTIVIDAD Nº 4 | Acostados en el suelo, con la espalda completamente apoyada y las piernas semiflexionadas, subir y bajar la pelvis ("barriga") cada vez que lo indique el profesor. |

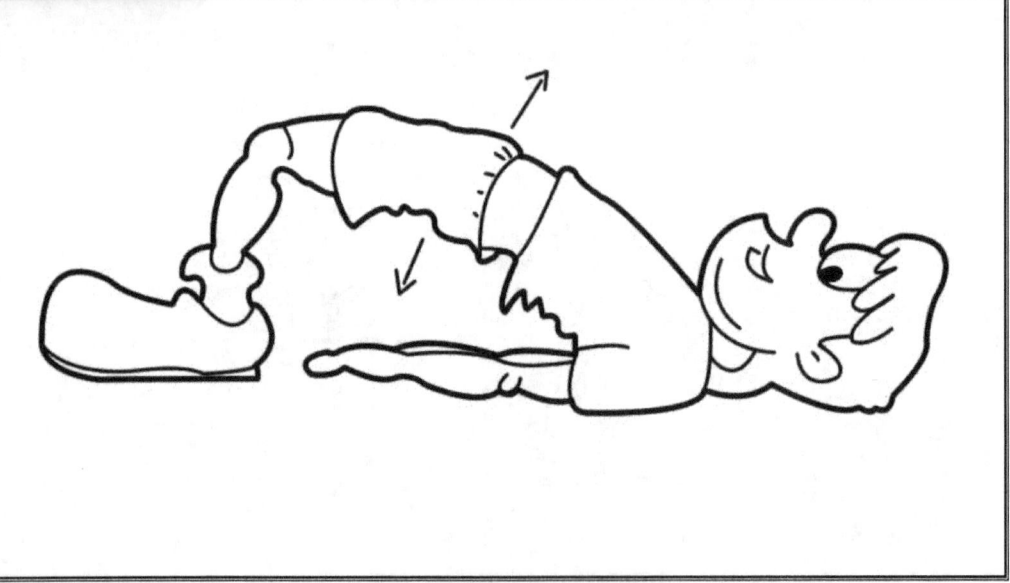

ACTIVIDAD Nº 5

Balancearse atrás sobre una colchoneta intentando llevar las piernas lo más vertical posible. Una vez conseguido se les puede indicar que hagan gestos arriba (abrir piernas, bicicleta...).

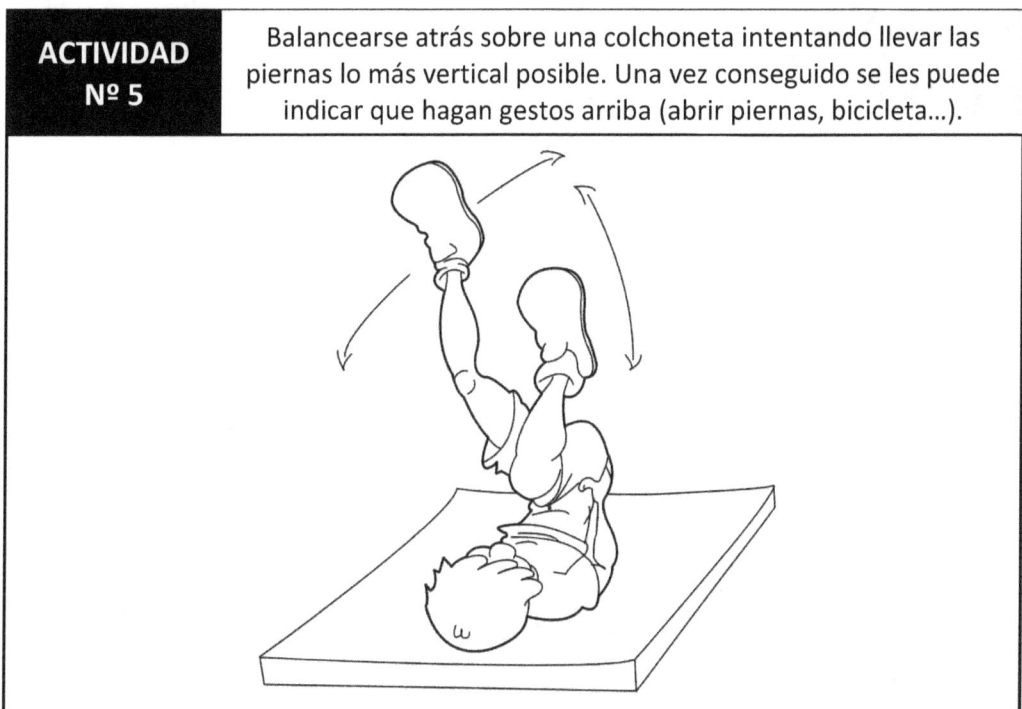

ACTIVIDAD Nº 6

Colocados a "cangrejo", atrapar con la barriga la pelota que deja caer un compañero desde una cuarta de distancia. Aumentar la distancia a medida que se consigue dominar el ejercicio.

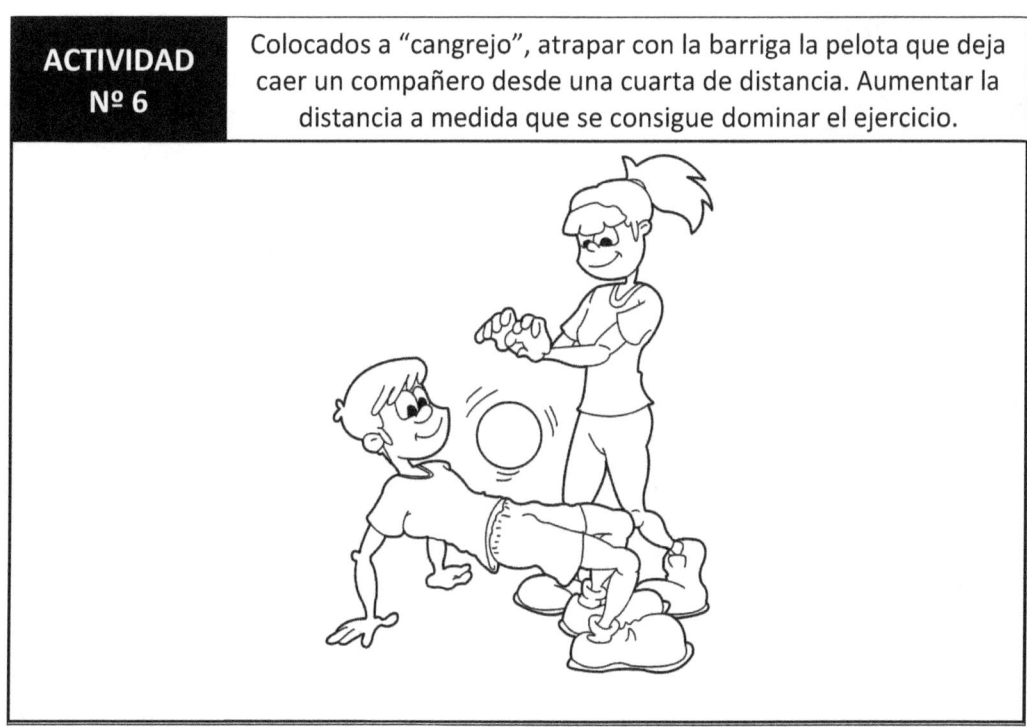

| ACTIVIDAD Nº 7 | Desplazarse por el terreno de juego a "cangrejo" manteniendo en equilibrio un balón sobre nuestra barriga. |

| ACTIVIDAD Nº 8 | Desde posición de flexión de brazos, dar pasitos cortos hacia delante sin mover las manos hasta que consigamos pasar las piernas entre estas y quedarnos sentados. |

ACTIVIDAD Nº 9

Igual que el ejercicio anterior, pero esta vez vamos dando pasitos haciendo un semicírculo.

ACTIVIDAD Nº 10

Desde posición de flexión de brazos, dar un salto hacia delante dejando fijas las manos hasta quedar en cuclillas. Una vez dominado este ejercicio se intentará dar un salto y meter las piernas entre los brazos de una vez para quedar sentados.

ACTIVIDAD Nº 11	Desde posición de flexión de brazos, dar un salto hacia delante mientras abrimos las piernas y las dejamos al lado de cada mano. Una vez dominamos este ejercicio se intentará dar un salto llevando los pies hasta donde estaban las manos y llevar éstas arriba hasta situarnos de pie.

ACTIVIDAD Nº 12	Desde la misma posición que los ejercicios anteriores, llevar las manos hacia los pies con apoyos cortos y, una vez en cuclillas, dejarse caer de espaldas para hacer el "columpio" y balancearse. Realizar este ejercicio en el sentido contrario, llevando los pies hasta las manos para después balancearse.

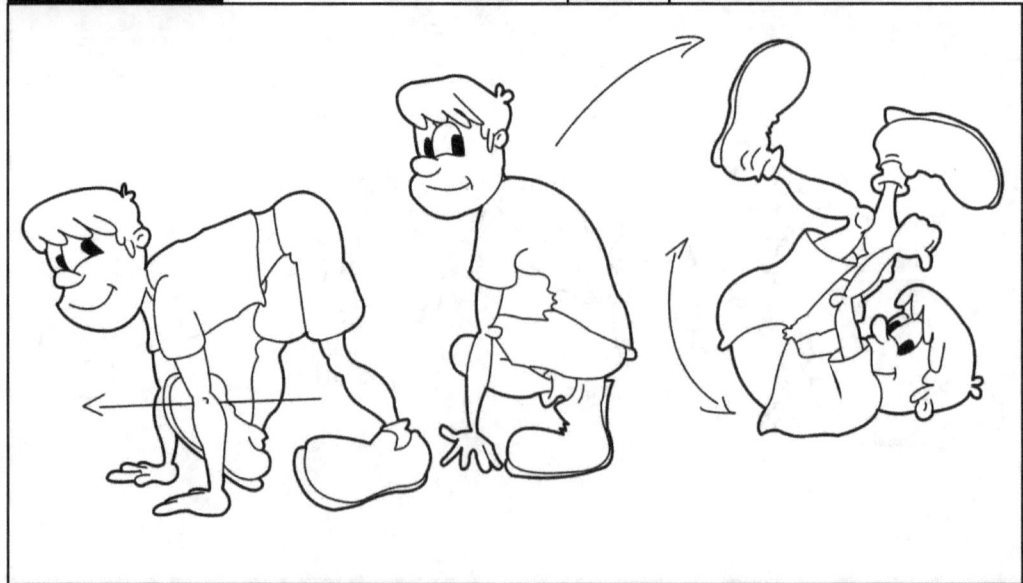

ACTIVIDAD Nº 13

Desde posición de flexión de brazos, pero esta vez con las piernas abiertas, realizar "pasitos" con las manos hacia atrás para llevarlas entre las piernas y quedar sentados. Realizar este ejercicio en el sentido contrario, llevando los pies hacia delante para después quedar sentados.

ACTIVIDAD Nº 14

Balancearse varias veces sobre la espalda para coger velocidad y quedarse en cuclillas, de pie, de pie con piernas abiertas...

ACTIVIDAD Nº 15 — Retar a un compañero. El primero realizar un gesto y el otro tiene que repetirlo a una velocidad diferente.

ACTIVIDAD Nº 16 — Con las manos apoyadas en el suelo, subir una y otra pierna de forma alternativa como si estuviésemos corriendo.

| ACTIVIDAD Nº 17 | Con las manos apoyadas en el suelo, dar un salto hacia delante con ambos pies hasta quedar casi en cuclillas; después volver a la posición inicial. |

| ACTIVIDAD Nº 18 | En la misma posición que los ejercicios anteriores, pero esta vez damos un salto e intentamos llevar las piernas estiradas hacia arriba. Una vez dominado el ejercicio podemos pedirles que crucen las piernas arriba, que choque los tobillos dos veces... |

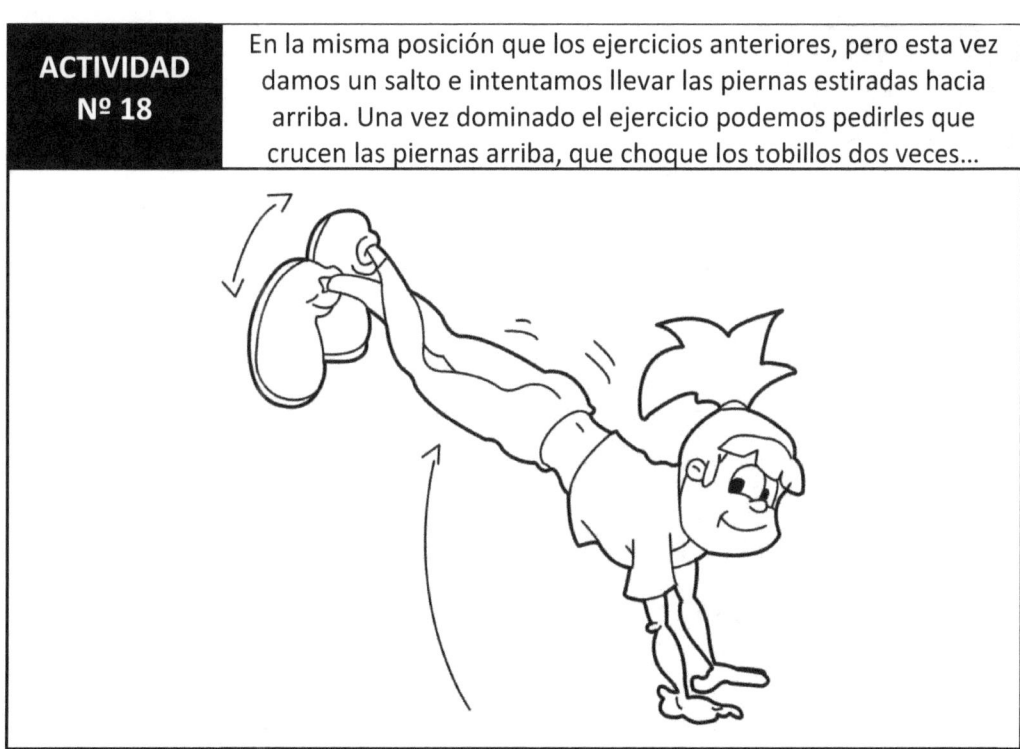

| ACTIVIDAD Nº 19 | Desplazarse por el terreno de juego por parejas haciendo la carretilla a diferentes velocidades. También se puede pedir a los alumnos que lleven el tronco relajado, arqueado, rígido... |

| ACTIVIDAD Nº 20 | Desplazarse por el terreno de juego haciendo la carretilla mientras arqueamos el tronco arriba y abajo. |

| ACTIVIDAD Nº 21 | Por tríos, desplazarse haciendo la carretilla intentando que el que se apoye en el suelo se balancee demasiado hacia los lados. |

| ACTIVIDAD Nº 22 | Agarrados a una barra inferior de la espaldera y acostados boca arriba, llevar ambos pies hasta donde están colocadas las manos. Pedir a los alumnos que suban un pie, que toquen la mano derecha con el pie izquierdo, que toquen el tercer escalón... |

| ACTIVIDAD Nº 23 | Subidos en la espaldera, ir bajando las manos de barra en barra hasta llegar lo más abajo posible sin perder el equilibrio. Este ejercicio se puede realizar soltando las manos de forma alternativa o soltando ambas manos a la vez y quedando un instante en desequilibrio. |

| ACTIVIDAD Nº 24 | Igual que el ejercicio anterior, pero esta vez llevamos los pies hacia arriba avanzando de peldaño en peldaño, dando saltos de dos o tres peldaños, utilizando sólo el pie izquierdo o derecho... |

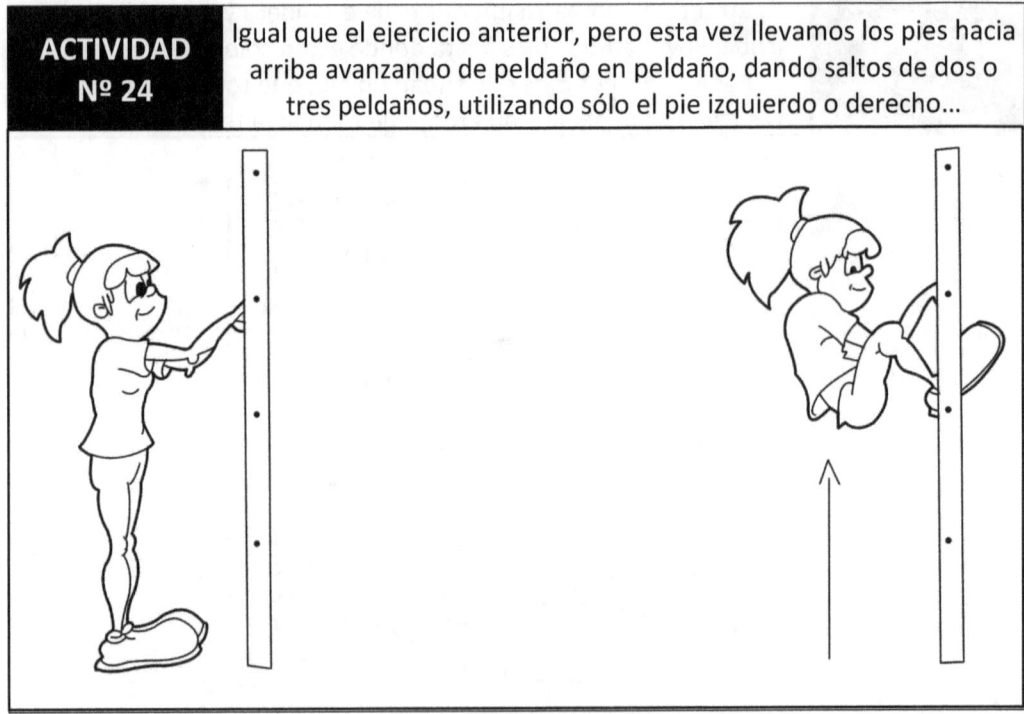

| ACTIVIDAD Nº 25 | En posición de flexión de brazos, apoyar los pies sobre la primera barra de la espaldera e ir subiendo hasta donde indica el profesor. |

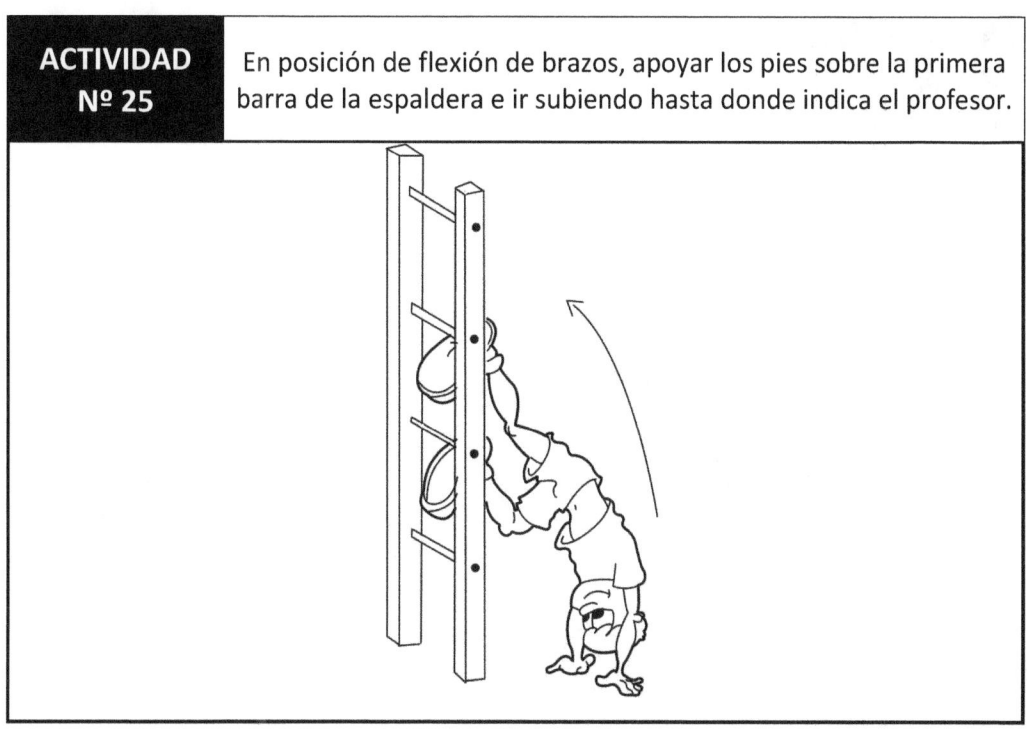

| ACTIVIDAD Nº 26 | Desplazarse libremente por el terreno de juego y, a la señal del profesor, adoptar una figura simétrica. |

ACTIVIDAD Nº 27

Por parejas, desplazarse uno tras otro y, a la señal del profesor, adoptar una figura simétrica que tenga que copiar el segundo.

ACTIVIDAD Nº 28

Por parejas, uno frente a otro, simular que estamos ante un espejo haciendo la figura contraria a la que propone nuestro compañero.

ACTIVIDAD Nº 29 — Jugar a "tu la llevas" pero para salvarnos podemos gritar "espejo" y quedarnos quietos mientras adoptamos una posición simétrica. Para poder movernos de nuevo tiene que llegar otro compañero y situarse en mi posición contraria.

ACTIVIDAD Nº 30 — Con los pies fijos en el suelo, mover el resto del cuerpo hacia todos los lados lo más lejos posible sin perder el equilibrio.

| ACTIVIDAD Nº 31 | Con dos apoyos (una mano y un pie) mover el resto del cuerpo lo más ampliamente posible sin perder el equilibrio. Una vez dominado este ejercicio podemos pedir a los alumnos que se desplacen por el terreno de juego. |

| ACTIVIDAD Nº 32 | Por parejas, uno con los ojos tapados toca al compañero intentando después copiar la figura que realizaba este. |

| ACTIVIDAD Nº 33 | Por parejas. Uno de ellos mueve a su compañero como si fuese un muñeco articulado poniéndolo en diferentes posiciones. |

| ACTIVIDAD Nº 34 | Igual que el ejercicio anterior, pero esta vez el muñeco está de pie y el objetivo es desplazarlo por el terreno de juego. |

| ACTIVIDAD Nº 35 | Por parejas, desplazarse libremente por el terreno de juego y, a la señal del profesor, el primero se para y adopta la postura que quiera. El segundo tiene que situarse detrás y copiarla lo antes posible. |

| ACTIVIDAD Nº 36 | Desplazarse por el terreno de juego a cámara lenta o cámara rápida y, a la señal del profesor. Pararse y adoptar una postura lo más asimétrica posible. |

| ACTIVIDAD Nº 37 | Desplazarse por el terreno de juego y, a la señal del profesor, adoptar una postura como si le hubiésemos dado a "Pause" en el DVD. A continuación sólo nos podemos mover en esta posición. |

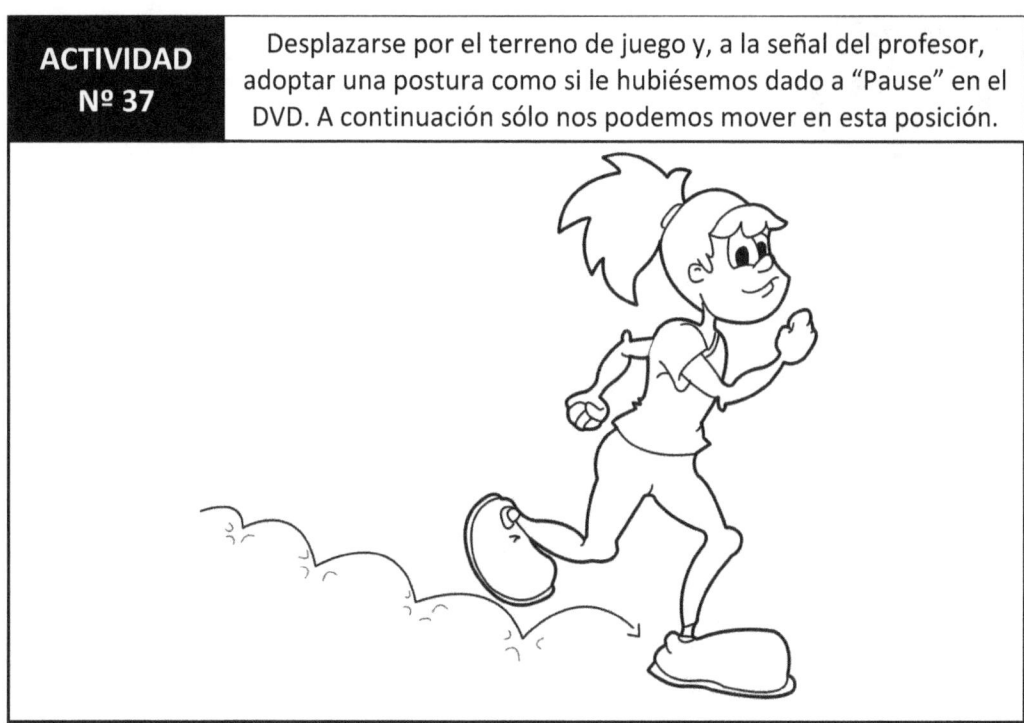

| ACTIVIDAD Nº 38 | Con los ojos tapados, permanecer en equilibrio a pata coja con la pierna hábil. Después repetir el ejercicio con la pierna débil. |

| ACTIVIDAD Nº 39 | Con los ojos tapados, permanecer en equilibrio a pata coja mientras realizamos los movimientos de brazos que nos indica el profesor (dos brazos arriba, en cruz, uno arriba y el otro abajo, hacer círculos hacia atrás...) |

| ACTIVIDAD Nº 40 | Con los ojos tapados, desplazarse hacia delante primero andando, después trotando, dando pequeños saltos... |

ACTIVIDAD Nº 41

Por parejas, uno con los ojos tapados, desplazarse hacia donde nos indica nuestro compañero utilizando diferentes partes del pie (puntera, talón, laterales)

ACTIVIDAD Nº 42

Con los ojos tapados, realizar los movimientos que nos indica el profesor (hacer una sentadilla, abrir las piernas, cruzar las piernas y los brazos...)

| ACTIVIDAD Nº 43 | Por parejas, uno con los ojos tapados, sigue las indicaciones de su compañero para echar su cuerpo hacia uno de los lados hasta llegar al límite de equilibrio. |

| ACTIVIDAD Nº 44 | Parados, botar una pelota con las dos manos a diferentes alturas (por encima de la cabeza, a la altura del pecho, por debajo de la cintura...). Una vez dominado el ejercicio podemos pedir que lo realicen en movimiento. |

| ACTIVIDAD Nº 45 | Igual que el ejercicio anterior, pero esta vez botamos el balón con la mano hábil a diferentes alturas. Realizar el ejercicio también con la mano débil. También se puede alternar las manos y que cada una bote a una altura. |

| ACTIVIDAD Nº 46 | Botar una pelota con las dos manos lo más fuerte posible recogiéndola antes de que caiga al suelo. Podemos pedir que no se muevan del sitio o que lo hagan con desplazamiento. |

| ACTIVIDAD Nº 47 | Realizar lanzamientos contra una pared desde diferentes alturas y recogerla antes que caiga al suelo, antes que dé un bote, dos... También podemos pedir que lancen por encima de la cabeza y recojan lo más abajo posible y viceversa. |

| ACTIVIDAD Nº 48 | Por parejas, desplazarse libremente por el espacio de trabajo pasando el balón al compañero de cualquier forma que nos imaginemos (de espaldas, de gancho, por debajo de las piernas, muy alto, muy bajito...). |

| ACTIVIDAD Nº 49 | Por parejas, pasar un balón al compañero que está situado frente a nosotros (con la mano hábil, con la débil, con dos manos, con o sin bote...) |

| ACTIVIDAD Nº 50 | Por parejas, pasar un balón con una mano al compañero que está situado frente a nosotros y que debe atraparla con la mano contraria a con la que fue lanzada (lanzar izquierda y recoger derecha). |

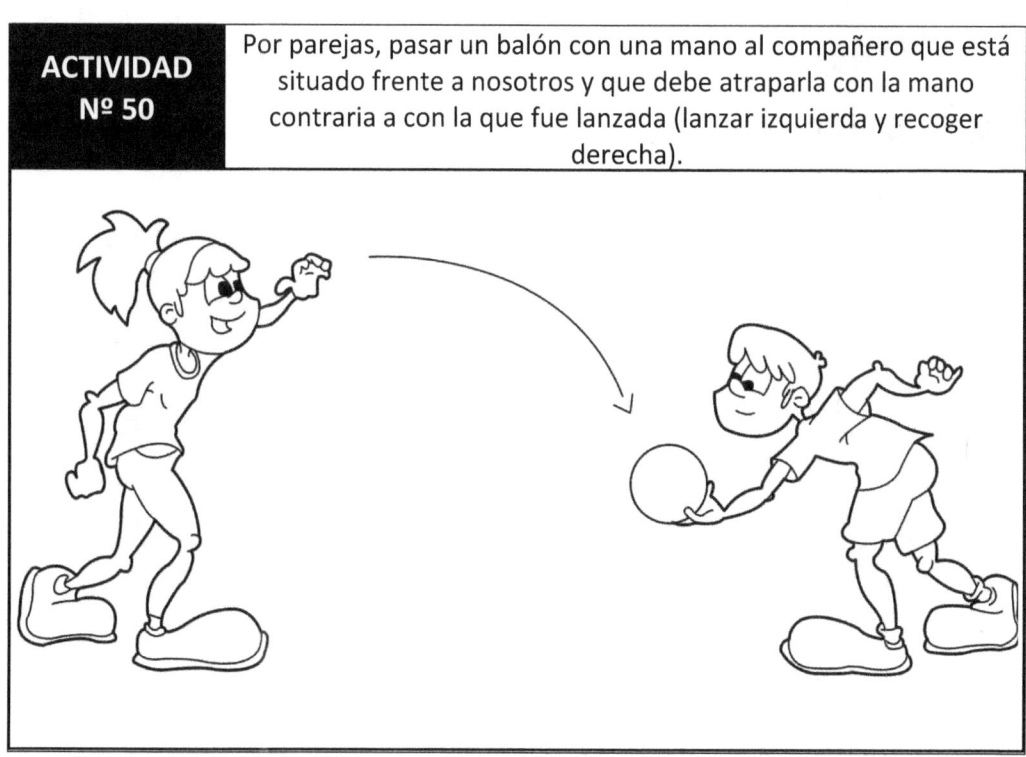

ACTIVIDAD Nº 51 — Por parejas, realizar pases al compañero con los pies. Realizar el ejercicio tanto con la pierna hábil como con la débil.

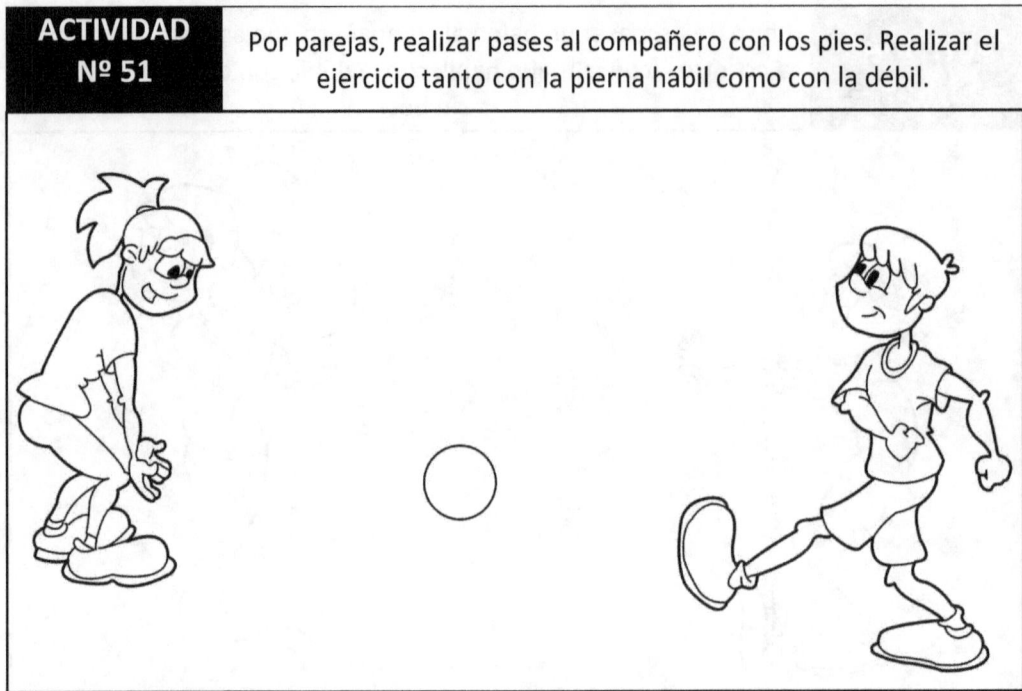

ACTIVIDAD Nº 52 — Por parejas, realizar pases al compañero con los pies o con las manos indicando el lado (del compañero) hacia el que van a ir dirigidos.

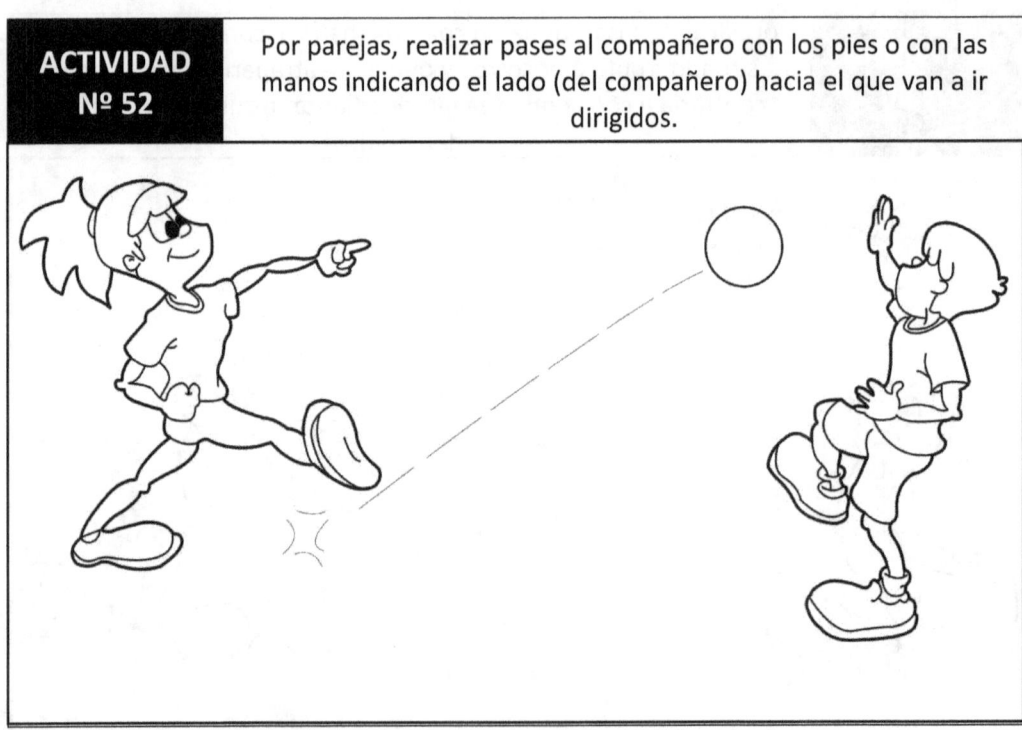

ACTIVIDAD Nº 53	Por grupos, el primero sentado frente al resto, lanza una pelota rodando para que llegue entre las piernas de uno de sus compañeros, el que está a la derecha, a la izquierda... también podemos pedir que cambien la posición de lanzamiento (de espaldas, arrodillado, con ambas manos...). Realizar el ejercicio también lanzando la pelota con diferentes partes del pie (empeine, interior, exterior, puntera...).

ACTIVIDAD Nº 54	Por grupos, el primero situado frente al resto que mantiene las piernas abiertas. Desde esta posición, lanzar una pelota con las manos para intentar meterla entre las piernas de los compañeros. Cada vez que lo consiga, ese alumno caerá como si fuese un bolo.

| ACTIVIDAD Nº 55 | Igual que el ejercicio anterior, pero ahora se realizan los lanzamientos con el interior del pie. |

| ACTIVIDAD Nº 56 | Carrera de relevos por grupos en la que el primero lanza una pelota con las manos entre las piernas de sus compañeros, a continuación va a recogerla y se la pasa al que queda primero, situándose él el último de la fila. |

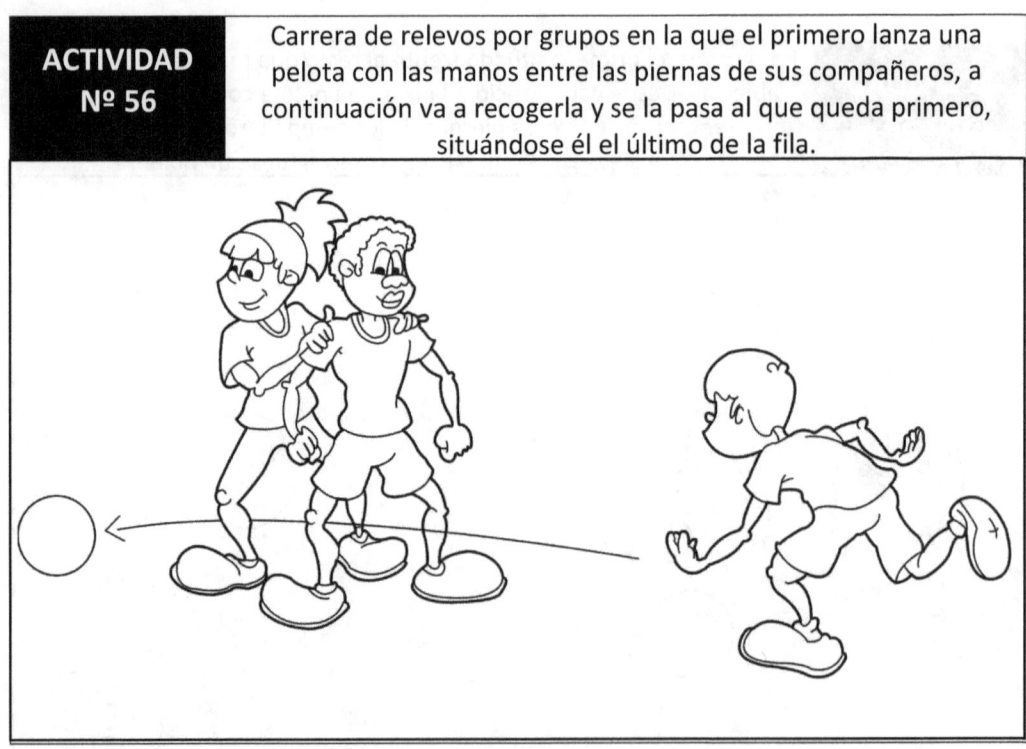

| ACTIVIDAD Nº 57 | Por grupos, en primer lugar se sitúa un compañero con las piernas abiertas y el que lanza debe meter la pelota, con los pies, entre éstas. Si lo consigue se sumará otro compañero detrás del primero, y así sucesivamente hasta que el balón choque con las piernas de uno de ellos. |

| ACTIVIDAD Nº 58 | Individualmente, cada uno con una pelota, cambiársela de mano realizando lanzamientos a diferentes alturas (podemos utilizar envases de yogur, indiacas o cualquier otro elemento). |

| ACTIVIDAD Nº 59 | Con los mismos materiales que en el ejercicio anterior, desplazarnos libremente por el espacio de trabajo sin caerlos. |

| ACTIVIDAD Nº 60 | Igual que el ejercicio anterior, pero esta vez el profesor irá dando indicaciones de cómo deben desplazarse (andando, trotando, corriendo, de punteras, en cuclillas...). |

| ACTIVIDAD Nº 61 | Realizar un recorrido de obstáculos manteniendo un objeto sobre la palma de la mano si caerlo. Este ejercicio se puede organizar como carrera de relevos, siento el testigo el objeto que se porta. |

| ACTIVIDAD Nº 62 | Individualmente, cada alumno con un balón de goma o gomaespuma, buscar diferentes maneras de que no caiga al suelo haciendo presión únicamente con dos zonas de nuestro cuerpo (mano y cabeza, tobillo con tobillo, mano y barriga...) |

| ACTIVIDAD Nº 63 | Por parejas, uno sujeta el balón entre sus manos lo más fuerte posible mientras que el otro se lo intenta quitar tirando o dándole un golpe. NOTA: si es posible, es interesante realizar los siguientes ejercicios con balones de diferentes tamaños. |

| ACTIVIDAD Nº 64 | Igual que el ejercicio anterior, pero ahora el que atrapa el balón lo hace entre las piernas (sentado, de pie, arrodillado...). |

| ACTIVIDAD Nº 65 | Igual que los ejercicios anteriores, pero esta vez ambos estarán acostados en el suelo (realizar en decúbito prono y supino). |

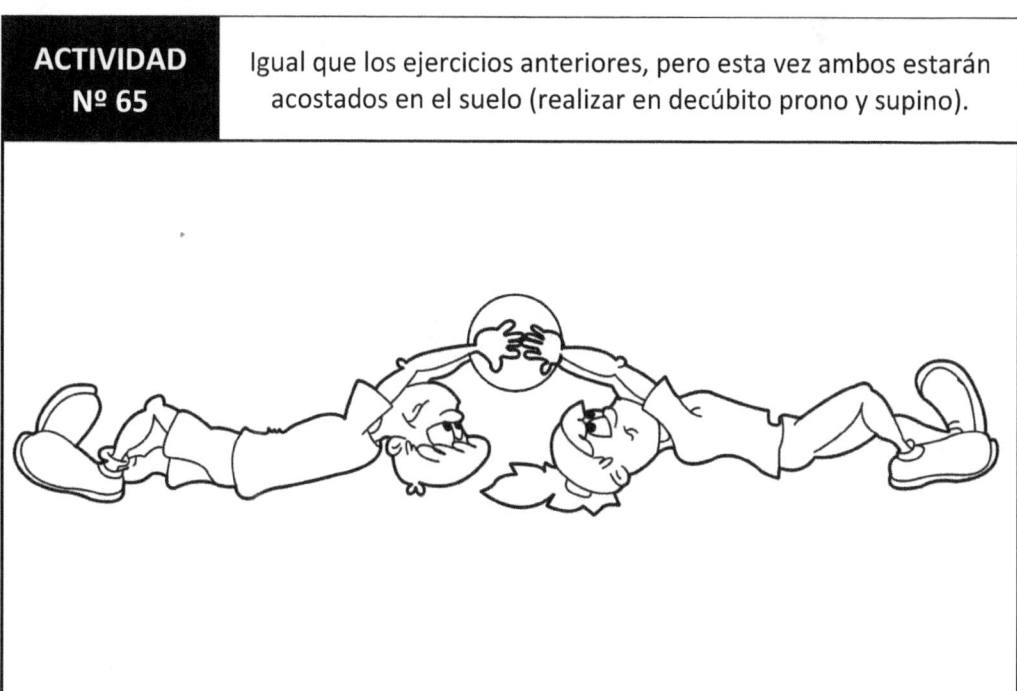

| ACTIVIDAD Nº 66 | Carrera de relevos en la que los alumnos tienen que desplazarse manteniendo un balón entre dos partes de su cuerpo sin que caiga al suelo, tal y como han realizado en los ejercicios anteriores. |

ACTIVIDAD Nº 67 — Individualmente, cada alumno con una cuerda, hacerla girar de forma libre descubriendo cuántas formas diferentes hay de hacerlo. Realizar este parado o en movimiento.

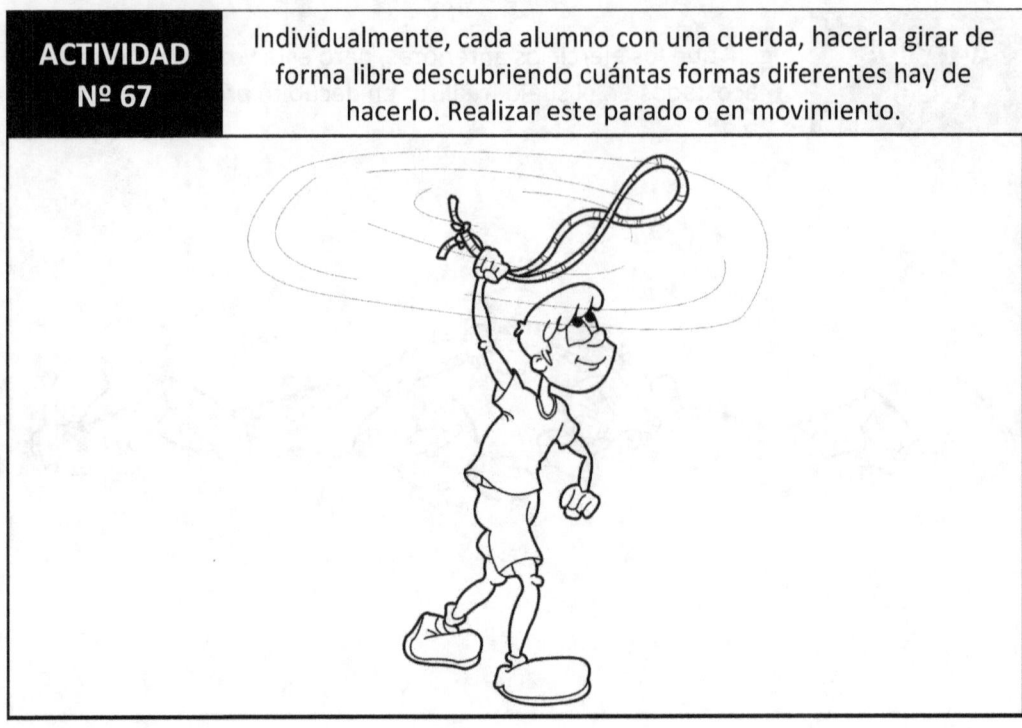

ACTIVIDAD Nº 68 — Individualmente, cada alumno con una cuerda, hacerla girar perpendicularmente al suelo. Realizar el ejercicio con cada una de las manos y en ambos sentidos. Después, hacerla girar de forma paralela al suelo.

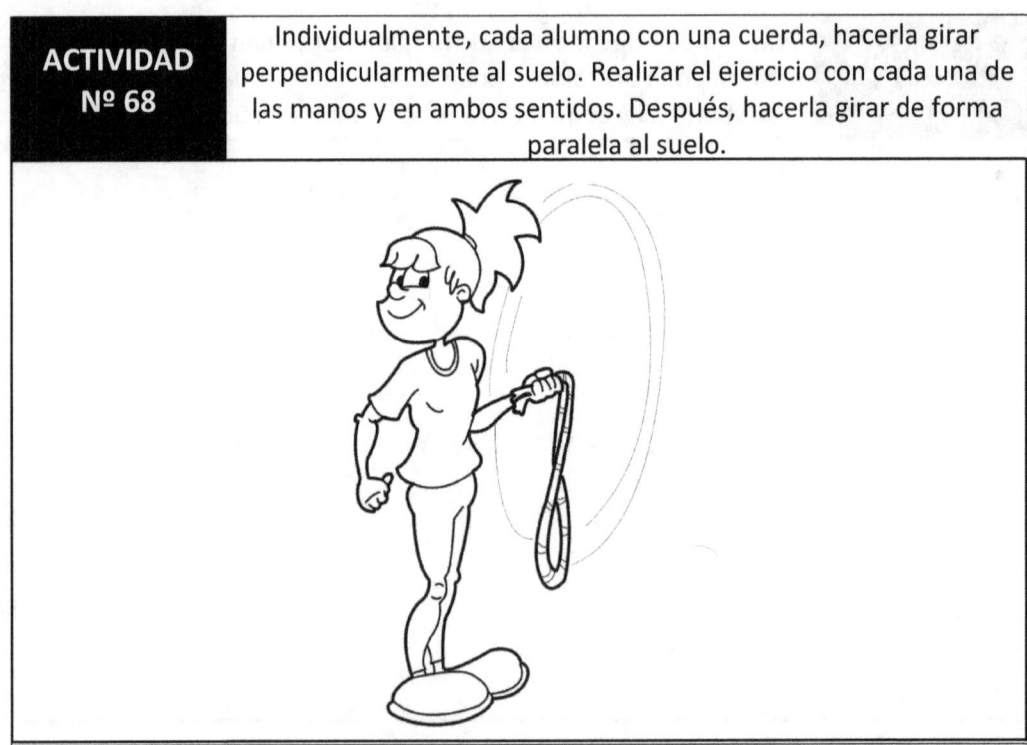

| ACTIVIDAD Nº 69 | Carrera de relevos en la que cada alumno debe ir hasta el lado contrario del terreno de juego girando una cuerda, como en los ejercicios anteriores. El profesor puede indicar cómo debe ir cada relevista. |

| ACTIVIDAD Nº 70 | Jugar a saltar la comba. Comenzar saltando la "barca" (la cuerda se balancea) para después ampliar la dificultad girándola completamente. |

ACTIVIDAD Nº 71	El reloj. El jugador que la queda en el centro hace girar una cuerda siempre en el mismo sentido mientras el resto de compañeros salta para no chocar con ella. El jugador que toca la cuerda queda eliminado. Se puede ampliar la dificultad haciendo que la cuerda gire a diferentes alturas.

ACTIVIDAD Nº 72	Desplazarse por encima de un banco sueco hacia delante de las siguientes formas: de pie, gateando, en posición de flexión de brazos.

ACTIVIDAD Nº 73 Igual que el ejercicio anterior, pero ahora nos desplazamos hacia delante de espaldas: de pie, a cuatro apoyos, sentados.

ACTIVIDAD Nº 74 Desplazarse por encima de un banco sueco a cuatro apoyos, con las piernas por delante, tal y como muestra la ilustración.

| ACTIVIDAD Nº 75 | Desplazarse por encima de un banco sueco manteniendo la premisa de que los brazos tienen que estar siempre por encima de las piernas. |

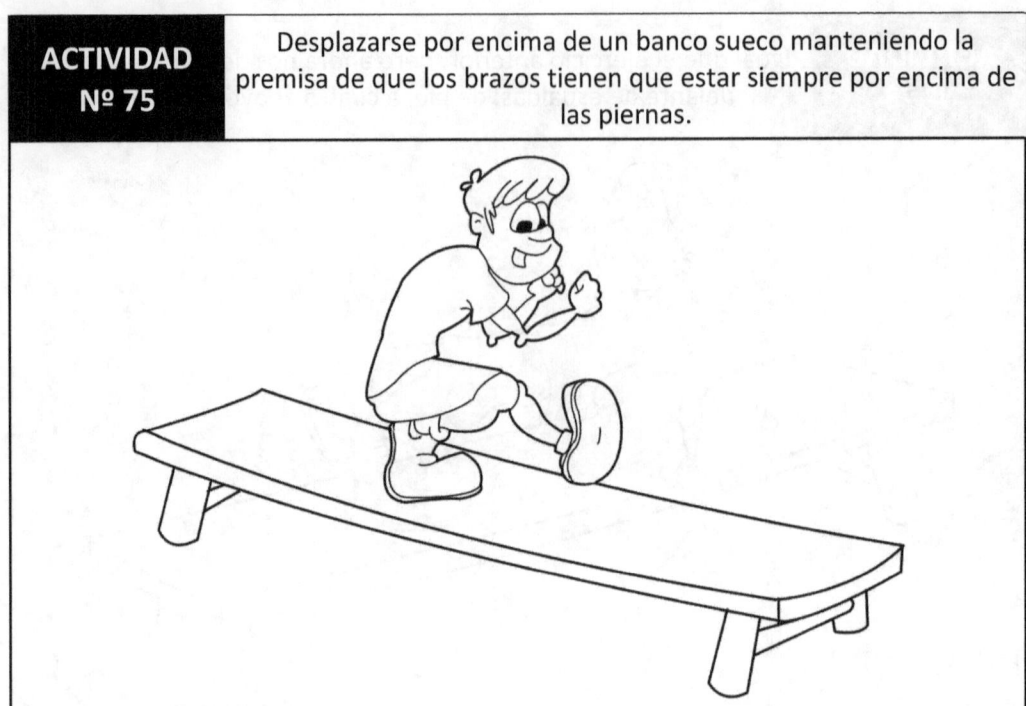

| ACTIVIDAD Nº 76 | Igual que el ejercicio anterior, pero ahora la premisa es que las piernas vayan por encima de las manos. |

| ACTIVIDAD Nº 77 | Carrera de relevos, con la mitad del grupo a cada extremo del banco. Cada alumno tiene que hacer un gesto (libre) en un lado, y a continuación saltar al lado contrario y repetir el mismo de forma simétrica antes de dar el relevo. |

| ACTIVIDAD Nº 78 | Desplazarse por encima de un banco sueco y dar un giro en el centro. Realizar el giro en ambas direcciones. |

ACTIVIDAD Nº 79	Por parejas, desplazarse por encima de un banco sueco cruzándose en el centro de las siguientes formas: uno se agacha y el otro pasa por arriba, agarrarse de antebrazos y pasar por los lados.

ACTIVIDAD Nº 80	Correr hasta la señal puesta por el profesor (una cuerda) y saltar por encima de obstáculos de diferentes alturas y distancias.

ACTIVIDAD Nº 81

Tras coger carrera, saltar desde la señal que ha puesto el profesor y caer dentro de una aro situado en el primer cajón de un plinto sin perder el equilibrio. Una vez superado podemos pedir que caigamos con un pie a cada lado del aro, uno dentro y otro fuera, a pata coja...

ACTIVIDAD Nº 82

Tras coger carrera, saltar desde la señal que ha puesto el profesor y caer dentro de una zona estrecha marcada por dos cuerdas. Aumentar la dificultad del ejercicio teniendo que caer sobre el primer cajón de un plinto, situando un obstáculo e indicando que sitúen un pie delante y otro atrás...

| ACTIVIDAD Nº 83 | Subir y bajar un banco sueco inclinado (apoyado en la espaldera) de las siguientes formas: hacia delante gateando, de rodillas, de pie, de espaldas, de lado. |

| ACTIVIDAD Nº 84 | Subir por un banco inclinado, como en el ejercicio anterior, de cuclillas, y cuando hayamos llegado arriba nos tumbamos y nos levantamos agarrándonos a un peldaño. A continuación bajar por la espaldera. |

| ACTIVIDAD Nº 85 | Individualmente apoyando la palma de la mano en una pica, mantenerla lo más vertical posible mientras realizamos los siguientes ejercicios: sentarnos y subirnos, colocarnos de puntillas, andar alrededor hacia delante y hacia atrás. |

| ACTIVIDAD Nº 86 | De pie, cada alumno con una pica, apoyar la palma de la mano sobre ésta y a continuación soltarla para dar una palmada y cogerla antes que caiga al suelo. Intentar dar cada vez más palmadas. |

| ACTIVIDAD Nº 87 | Igual que los ejercicios anteriores, pero ahora el objetivo es soltar la pica con una mano y atraparla con la otra. Podemos añadir una palmada intermedia. |

| ACTIVIDAD Nº 88 | Individualmente, apoyando la palma de la mano en una pica, correr alrededor de ella y soltarla, intentando atraparla de nuevo una vez recorrido un cuarto de vuelta, media vuelta... |

| ACTIVIDAD Nº 89 | Individualmente apoyando la palma de la mano en una pica, soltarla y agacharse para atraparla cada vez más abajo. |

| ACTIVIDAD Nº 90 | Sentados en el suelo con las manos a la espalda, aguantar una pica entre las rodillas y a continuación soltarla para atraparla con las manos antes que caiga al suelo. |

| ACTIVIDAD Nº 91 | Sentados en el suelo, mantener una pica en equilibrio mientras vamos cambiando las partes del cuerpo con las que la agarramos (pies, rodillas, manos...) |

| ACTIVIDAD Nº 92 | Individualmente, cada alumno con una pica, mantenerla en equilibrio sobre diferentes partes del cuerpo (palma de la mano, dorso, antebrazos, cuello, espalda, muslo, pie...) |

| ACTIVIDAD Nº 93 | Mantener en equilibrio una pica sobre nuestra espalda (arquearla) mientras nos desplazamos por el terreno de juego. Este ejercicio se puede llevar a cabo como carrera de relevos, manteniendo el equilibrio entre dos compañeros que gatean a la vez... |

| ACTIVIDAD Nº 94 | Individualmente con una pica, colocarla sobre los hombros y hacerla rodar hasta las manos y viceversa sin que se nos caiga al suelo. |

ACTIVIDAD Nº 95	Desplazarse por el espacio de trabajo manteniendo una pica en equilibrio sobre la palma de la mano. Ampliar la dificultad indicando que se apoye sobre el dorso, que hagamos un cambio de mano, que vayamos hacia atrás...

ACTIVIDAD Nº 96	Individualmente con una pica, lanzarla hacia arriba paralela al suelo y atraparla antes que caiga al suelo. Realizar este ejercicio lanzándola también de forma perpendicular, o lanzándola con una mano y atrapándola con la otra.

| **ACTIVIDAD Nº 97** | Realizar las posiciones que va indicando el profesor como si fuésemos una figura de cera: un policía que para el tráfico, un superhéroe, un portero de fútbol, el ganador de una carrera... |

| **ACTIVIDAD Nº 98** | Igual que el ejercicio anterior, pero hacemos los gestos de las situaciones que marca el profesor: escalar una montaña, esquivar pelotas que nos lanzan, cortar una carne que está muy dura, llenar un cubo muy grande con uno muy pequeño... |

| **ACTIVIDAD Nº 99** | Tumbados en el suelo, seguir las indicaciones del profesor intentando: ser lo más grandes posibles, ser muy pequeños. Realizar este ejercicio también de pie, y a pata coja. |

| **ACTIVIDAD Nº 100** | Por parejas, mover a un compañero que está tumbado en el suelo como si fuese un muñeco. Podemos convertir este ejercicio en una carrera en la que hay que mover cada parte del muñeco para desplazarlo. |

| ACTIVIDAD Nº 101 | Por parejas, levantar a un compañero del suelo mientras este se resiste (el alumno al que hay que mover puede estar acostado, sentado, en cuclillas…). |

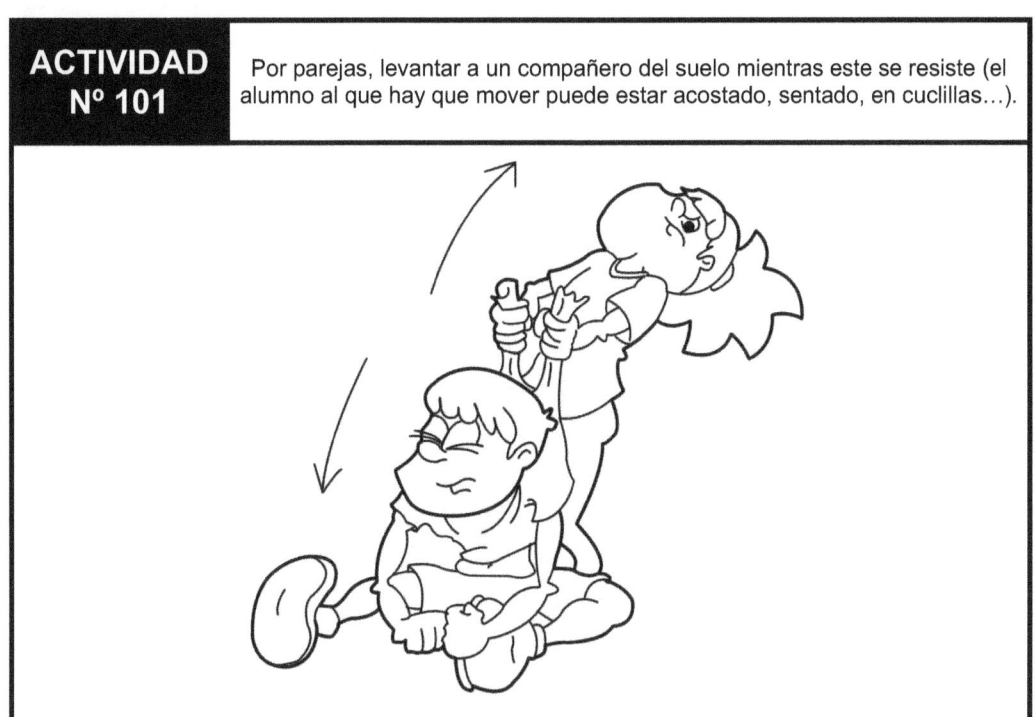

100 JUEGOS Y EJERCICIOS DE IMAGEN Y PERCEPCIÓN CORPORAL PARA NIÑOS DE 3 a 6 AÑOS

| ACTIVIDAD Nº 1 | Jugar a "Tú la llevas". El que la queda tiene que llevar una mano puesta en la parte del cuerpo por donde lo cogieron. |

| ACTIVIDAD Nº 2 | Por parejas, el primero indica una parte del cuerpo y el otro compañero tiene que localizarla en su cuerpo. |

| ACTIVIDAD Nº 3 | Por parejas, el primero nombra una parte del cuerpo y el segundo, que está acostado, tiene que moverla. |

| ACTIVIDAD Nº 4 | Cada alumno con un pañuelo, desplazarse por el terreno de juego tapando la parte del cuerpo que dice el profesor. |

| ACTIVIDAD Nº 5 | Jugar a "Tú la llevas", pero podemos salvarnos si nos escondemos debajo de las colchonetas que están situadas por el terreno de juego. |

| ACTIVIDAD Nº 6 | Por parejas, con una tela, ocultar la parte del cuerpo del compañero que indica el profesor. |

| **ACTIVIDAD Nº 7** | Por parejas, el primero hace rodar a un compañero tendido en el suelo que se hace el "muerto". |

| **ACTIVIDAD Nº 8** | Por parejas, echar pulsos intentando desplazar al compañero con diferentes partes del cuerpo menos con las manos (trasero, espalda, hombros...). |

| ACTIVIDAD Nº 9 | Por parejas, imitar a un compañero como si estuviésemos delante de un espejo. |

| ACTIVIDAD Nº 10 | Por parejas, correr detrás de nuestro compañero e intentar tocarle en la parte del cuerpo donde él nos tocó. |

| ACTIVIDAD Nº 11 | Acostados en el suelo, subir las piernas hasta quedarnos apoyados únicamente sobre la espalda y mantenernos en equilibrio. |

| ACTIVIDAD Nº 12 | Igual que el ejercicio anterior, pero ahora intentamos llevar los pies hacia nuestra cabeza (con piernas juntas, separadas, hacia cada uno de los lados...). |

ACTIVIDAD Nº 13	Igual que el ejercicio 11 pero ahora por parejas. El que está acostado intentará que su compañero no le haga tocar el suelo con las piernas mediante empujones.

ACTIVIDAD Nº 14	Por parejas, imitar las posiciones que hace nuestro compañero (incluiremos un pañuelo para tener una referencia). Podemos pedirle a los alumnos que hagan este ejercicio como si se tratase de un espejo, o situándose uno tras otro, uno al lado del otro...

| **ACTIVIDAD Nº 15** | Individualmente, con una pelota de tenis, lanzarla al aire y atraparla antes que caiga al suelo. Una vez realizado podemos pedirles que lo hagan en carrera, que la atrapen con una mano... |

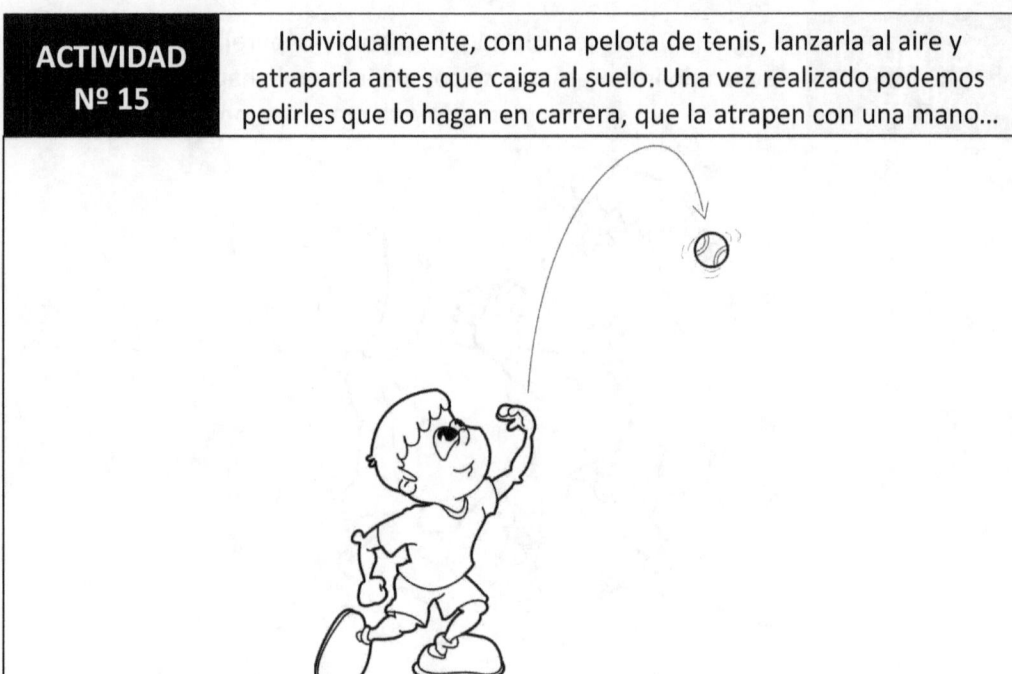

| **ACTIVIDAD Nº 16** | Individualmente, botar un balón de baloncesto con la mano fuerte. Una vez realizado podemos pedir que lo haga con la mano débil, que se cambie el balón de mano, que bote mientras corre... |

| ACTIVIDAD Nº 17 | Por parejas, con una cuerda, realizar lanzamientos para que nuestro compañero la atrape con la parte del cuerpo que hemos acordado (manos, pies, espalda...). |

| ACTIVIDAD Nº 18 | Por parejas, intentar tocar la cuerda que transporta un compañero entre sus brazos. Cuando se consigue hay cambio de roles. |

ACTIVIDAD Nº 19

Por parejas, uno de ellos con una cuerda intenta tocar a su compañero para que la quede (podemos acordar el sitio donde deben ser tocados: espalda, piernas, brazos...).

ACTIVIDAD Nº 20

Individualmente, con una cuerda, correr a diferentes velocidades intentando que siempre vaya lo más larga posible.

| **ACTIVIDAD Nº 21** | Individualmente, con una cuerda, hacerla girar en la dirección y sentido que indica el profesor (al lado de nuestro cuerpo, por encima de la cabeza...). |

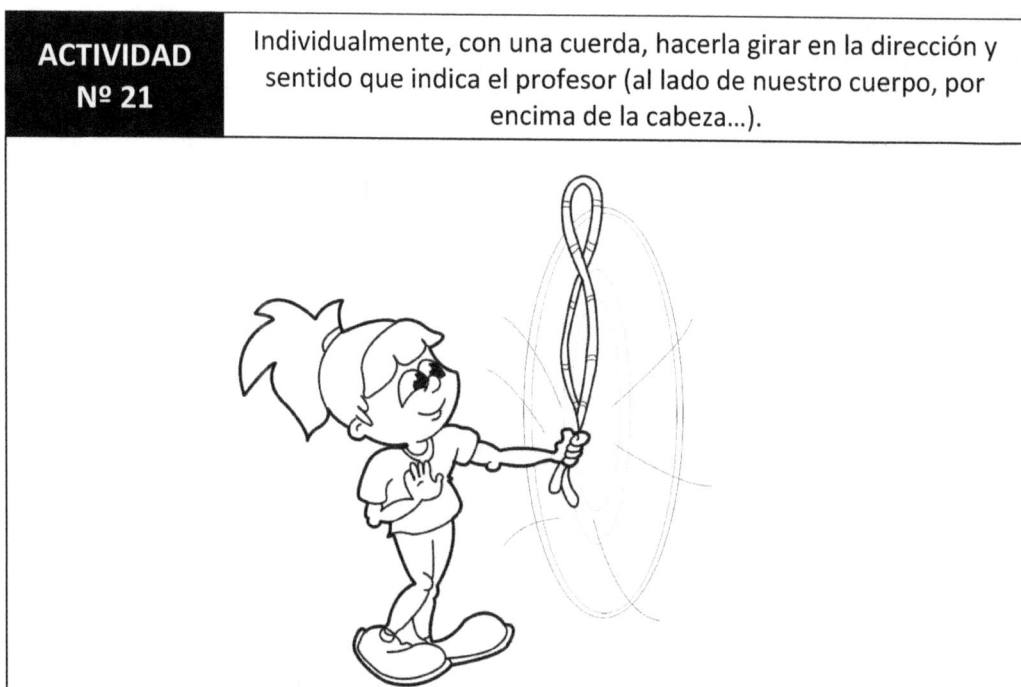

| **ACTIVIDAD Nº 22** | Por parejas, el primero con una cuerda metida en el pantalón intenta que su compañero no la pise. Cuando éste lo consigue hay cambio de roles. |

| ACTIVIDAD Nº 23 | Por grupos, situarse siguiendo las indicaciones del profesor: ocupar muy poco espacio, ocupar el máximo espacio sin perder el contacto, desplazarse sin soltarse, igual pero sorteando obstáculos... |

| ACTIVIDAD Nº 24 | Por parejas, atravesar a nuestro compañero que se va colocando en diferentes posiciones: piernas abiertas, puente, cuadrupedia invertida, acostado... |

| ACTIVIDAD Nº 25 | Todos alrededor del profesor. A su señal ir a tocar cualquier objeto del color que indique. |

| ACTIVIDAD Nº 26 | Por parejas, uno de ellos conduce a su compañero atrapándole de las manos por detrás. Si tira de la mano derecha querrá decirle que gire a la derecha y viceversa. |

| **ACTIVIDAD Nº 27** | Por parejas, espalda con espalda y agarrados cruzando los brazos, completar un recorrido en el que haya cambios de dirección. |

| **ACTIVIDAD Nº 28** | Correr por el terreno de juego como si se nos hubiese quedado dormida la parte del cuerpo que indica el profesor: brazo, pierna, cabeza... |

| **ACTIVIDAD Nº 29** | A la señal del profesor, moverse por el espacio de trabajo imitando el animal que indique: perro, jirafa, elefante, caballo, serpiente... |

| **ACTIVIDAD Nº 30** | Imitar las profesiones o personajes que indica el profesor: superhéroe, escalador, carpintero, conductor... |

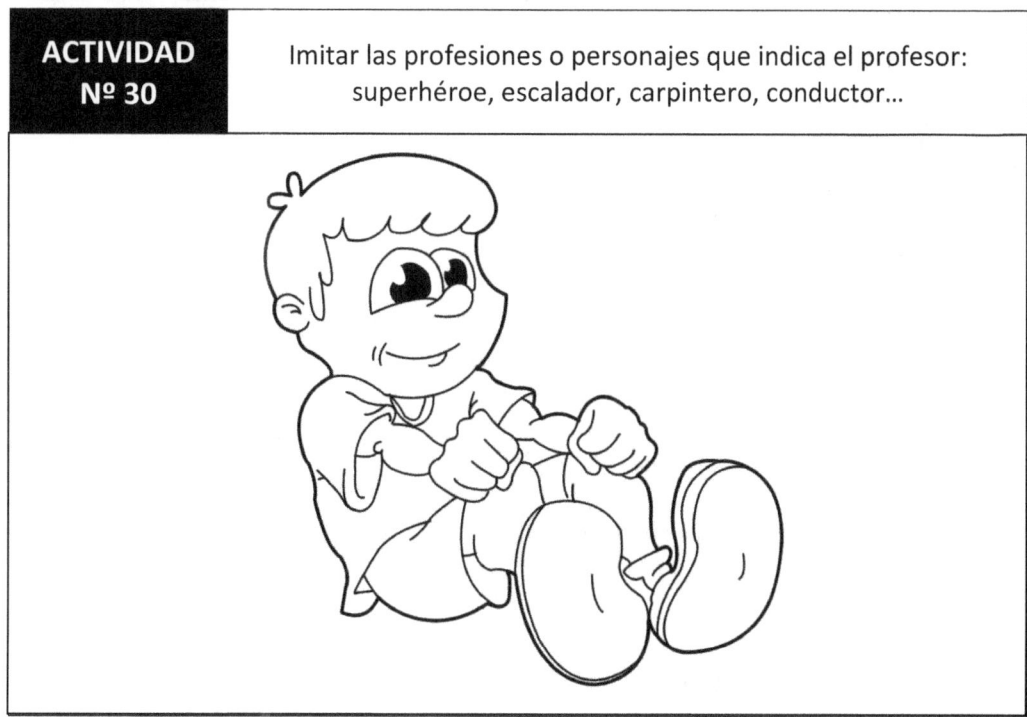

| ACTIVIDAD Nº 31 | Con música o utilizando un par de palos de madera para llevar el ritmo. Los alumnos deben estar completamente quietos al principio, e irán moviendo las partes del cuerpo que indique el profesor al ritmo marcado (cabeza, hombros, brazo derecho...), de modo que al final terminen bailando con todo el cuerpo en movimiento. |

| ACTIVIDAD Nº 32 | Desplazarse por el espacio de trabajo en cuadrupedia en todas las direcciones sin chocar con los compañeros (hacia delante, hacia atrás, de lado...). |

| **ACTIVIDAD Nº 33** | Igual que el ejercicio anterior, pero ahora nos desplazamos en cuadrupedia invertida. |

| **ACTIVIDAD Nº 34** | Igual que los ejercicios anteriores, pero ahora el profesor indicará una parte del cuerpo que se nos ha quedado dormida y que no podemos utilizar para movernos (una pierna, un brazo, dos piernas...). |

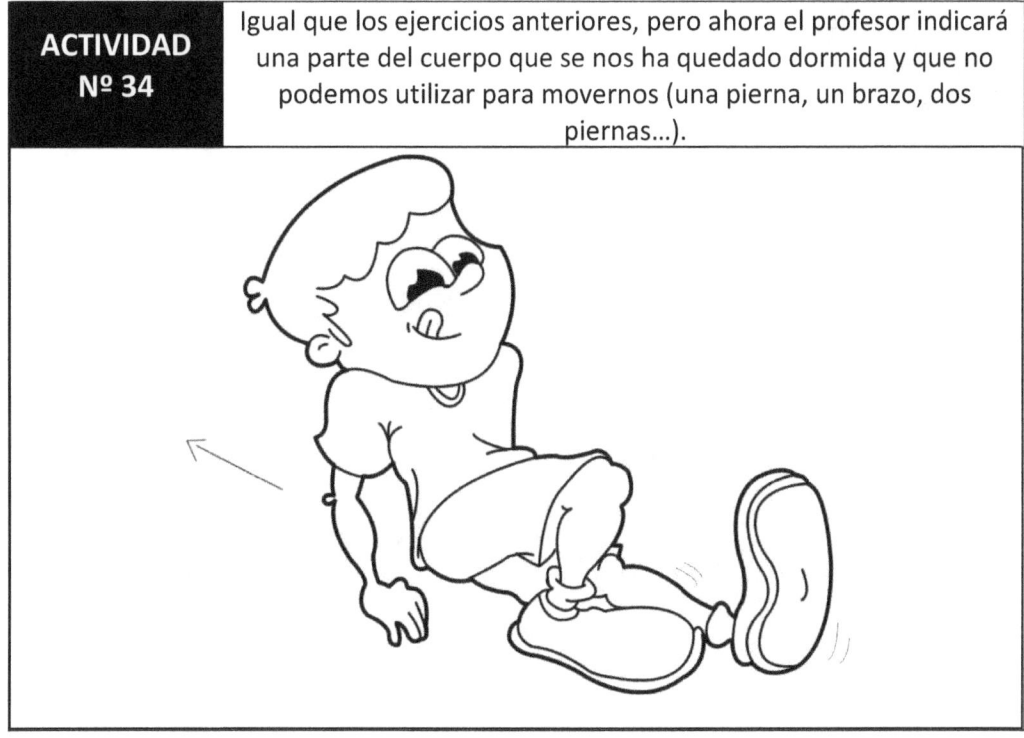

| ACTIVIDAD Nº 35 | Moverse por el terreno de juego sin chocar con nuestros compañeros y utilizando tres o dos puntos de apoyo (dos pies y una mano, dos manos y un pie, un pie y una mano...). |

| ACTIVIDAD Nº 36 | Por parejas, desplazarse en cuadrupedia uno tras otro y, a la señal del profesor, ambos se paran y el primero adopta una posición que el segundo debe imitar. |

ACTIVIDAD Nº 37	Correr por el terreno de juego y, a la señal del profesor, situarse junto a un objeto utilizándolo como referencia (p. ej.: sin superar la altura de las picas, a la misma altura que las picas, muy cerca de ellas, muy lejos...).

ACTIVIDAD Nº 38	Por grupos, cada componente corriendo en una dirección diferente y separados, buscarse cuando pite el profesor y ordenarse de mayor a menor en altura, de menor a mayor, de izquierda a derecha cada uno más bajo que el siguiente...

| ACTIVIDAD Nº 39 | Correr por el terreno de juego y, a la señal del profesor, situarse junto a la espaldera y calcular cuántos peldaños medimos. Repetir el ejercicio utilizando otras referencias: ladrillos de la pared, por parejas y medimos las cuartas... |

| ACTIVIDAD Nº 40 | Por parejas, medir el terreno de juego utilizando nuestro paso normal, pasos de hormiga, zancadas de elefante... |

| ACTIVIDAD Nº 41 | Igual que el ejercicio anterior, pero ahora intentamos medir el espacio de juego en número de saltos a pata coja con la pierna fuerte y la débil. |

| ACTIVIDAD Nº 42 | Por tríos o grupos de cuatro, transportar a un compañero hasta el lado contrario del terreno de juego sin que toque el suelo. |

| ACTIVIDAD Nº 43 | Por parejas, echar pulsos con nuestro compañero desde diferentes posiciones: espalda con espalda, en cuclillas, tirando de los antebrazos y un pie fijo sobre una línea... |

| ACTIVIDAD Nº 44 | Individualmente, seguir las instrucciones del profesor mientras estamos en equilibrio sobre una pierna: tocar el suelo con una mano, hacernos grandes, hacernos muy pequeños... |

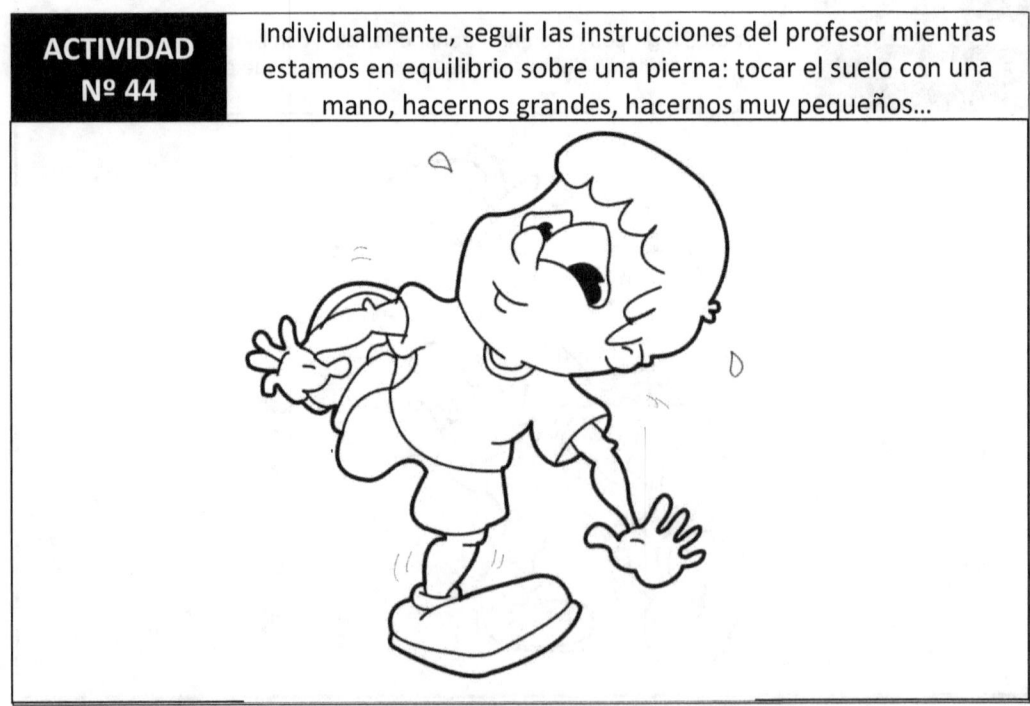

| ACTIVIDAD Nº 45 | Igual que el ejercicio anterior, pero ahora estamos apoyados sobre la rodilla y seguimos las indicaciones del profesor. |

| ACTIVIDAD Nº 46 | Desplazarse por las líneas del terreno de juego, sin salirse, apoyando con la parte del pie que indica el profesor: punteras, talones, interior, exterior... |

| ACTIVIDAD Nº 47 | Igual que el ejercicio anterior, pero ahora le pedimos a los alumnos que vaya dando saltos, a pata coja, en cuclillas... |

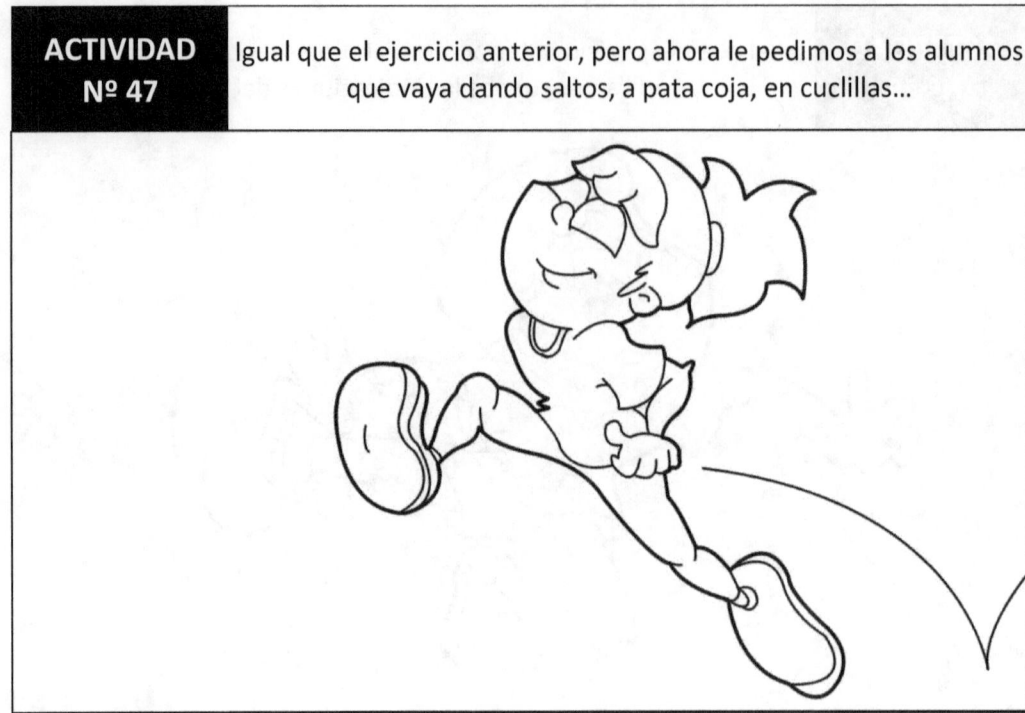

| ACTIVIDAD Nº 48 | Igual que los ejercicios anteriores, pero ahora llevaremos las líneas siempre entre las piernas sin pisarlas mientras apoyamos o nos desplazamos de diferentes formas. |

ACTIVIDAD Nº 49	Carrera de relevos en la que hay que desplazarse de la forma que indica el profesor: en cuclillas, en cuadrupedia... Podemos hacer que el testigo sea un objeto que no puede tocar el suelo (pelota, pañuelo...).

ACTIVIDAD Nº 50	Con un envase de yogur, mantenerlo en equilibrio con diferentes partes de la mano y haciendo movimientos suaves (subir y bajar, girar...).

| ACTIVIDAD Nº 51 | Igual que el ejercicio anterior, pero ahora nos desplazamos a diferentes velocidades sin que el envase caiga al suelo. |

| ACTIVIDAD Nº 52 | Igual que los ejercicios anteriores, pero ahora pediremos a los alumnos que salten cada cierto número de pasos o que vayan saltando por el terreno de juego sin que caigan el envase. |

| **ACTIVIDAD Nº 53** | Realizar una carrera por grupos en la que el testigo sea el envase de yogur. |

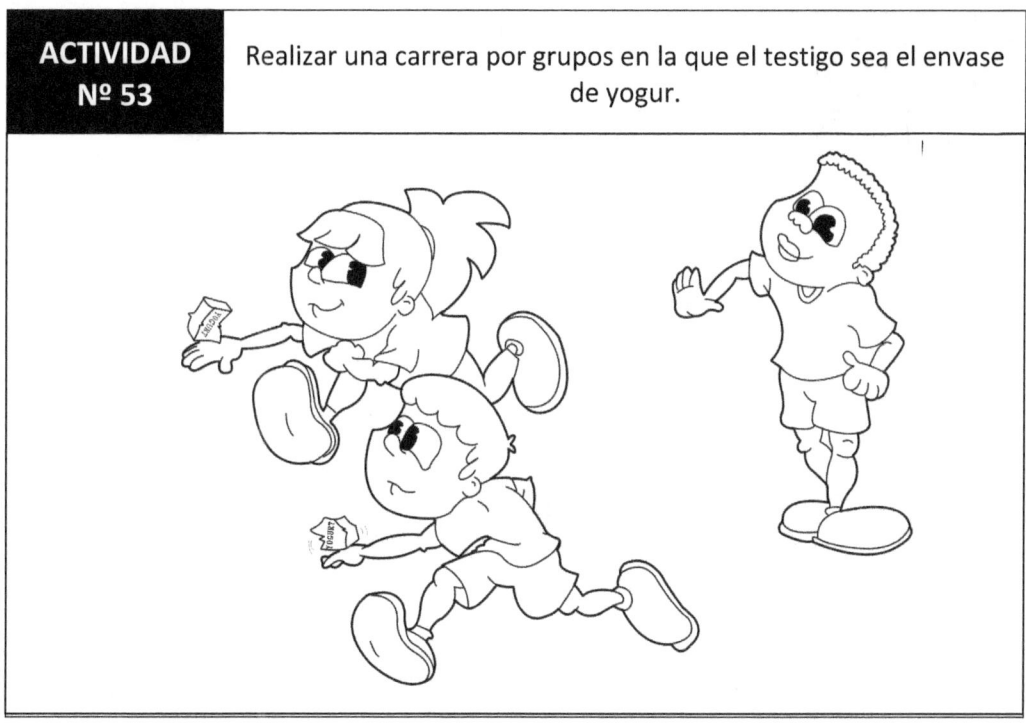

| **ACTIVIDAD Nº 54** | Tras construir unas vallas con conos y picas, realizar una carrera de obstáculos sin que se nos caiga el envase de yogur. |

ACTIVIDAD Nº 55

Igual que el ejercicio anterior, pero ahora situaremos varias colchonetas en las que los alumnos tendrán que realizar determinadas acciones: sentarse y ponerse de puntillas, acostarse y levantarse... todo ello sin caer el envase.

ACTIVIDAD Nº 56

Cruzar por encima de un banco sueco manteniendo un envase de yogur sobre diferentes partes de la mano. También podemos pedirles que lo crucen de espaldas, de lado...

| ACTIVIDAD Nº 57 | Diseñar un circuito en el que se trabajen todos los obstáculos anteriores. Los alumnos deberán completarlo en el menor tiempo posible, teniendo penalizaciones de tiempo cada vez que se caiga el envase. |

| ACTIVIDAD Nº 58 | Desplazarse por el terreno de juego, que está repleto de obstáculos, intentando pasar por debajo de todos ellos y en diferentes posiciones. |

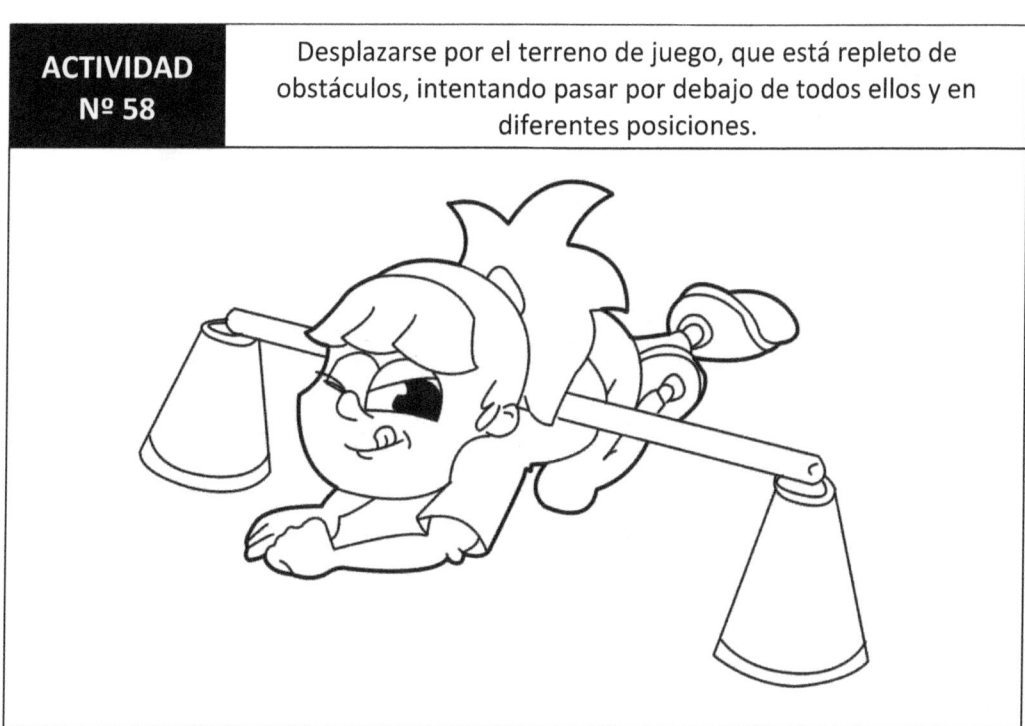

| ACTIVIDAD Nº 59 | Igual que el ejercicio anterior, pero ahora el objetivo es pasar entre los objetos (que están situados muy cerca unos de otros) en diferentes posiciones sin tocarlos. |

| ACTIVIDAD Nº 60 | En grupos, desplazarse todos juntos (sin perder la línea) pasando entre los objetos que hay situados en el espacio de trabajo sin tocarlos. |

ACTIVIDAD Nº 61

En grupos, un jugador se desplaza en zigzag entre sus compañeros y se coloca al final. A continuación, el que queda primero comienza el zigzag y vuelve a situarse el último. Así sucesivamente hasta llegar al otro lado del terreno de juego.

ACTIVIDAD Nº 62

Cruzar una fila de bancos suecos de diferentes formas: de frente, de lado, de espaldas...

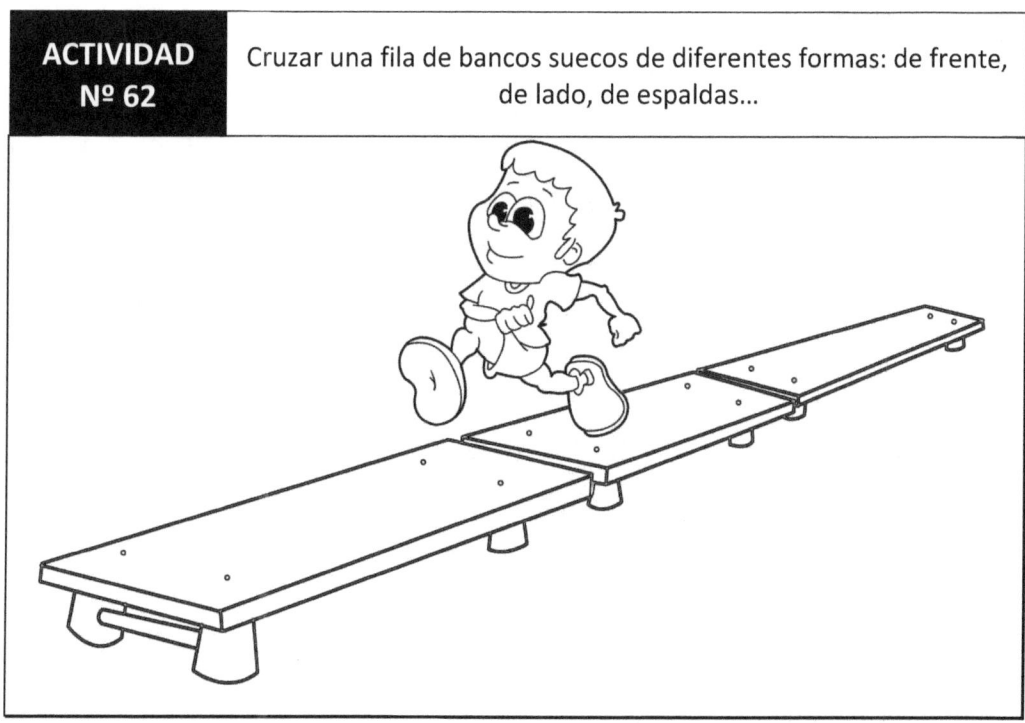

| ACTIVIDAD Nº 63 | Igual que el ejercicio anterior, pero ahora pedimos a los alumnos que vayan en cuadrupedia. |

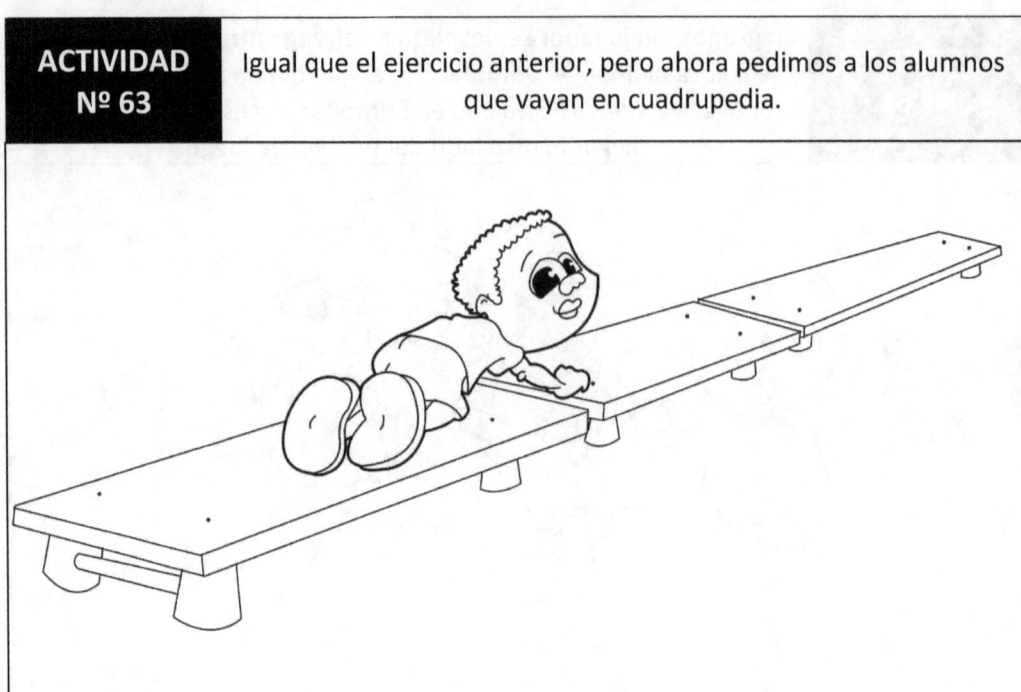

| ACTIVIDAD Nº 64 | Igual que los ejercicios anteriores, pero ahora los alumnos deben girar en medio de cada uno de los bancos. |

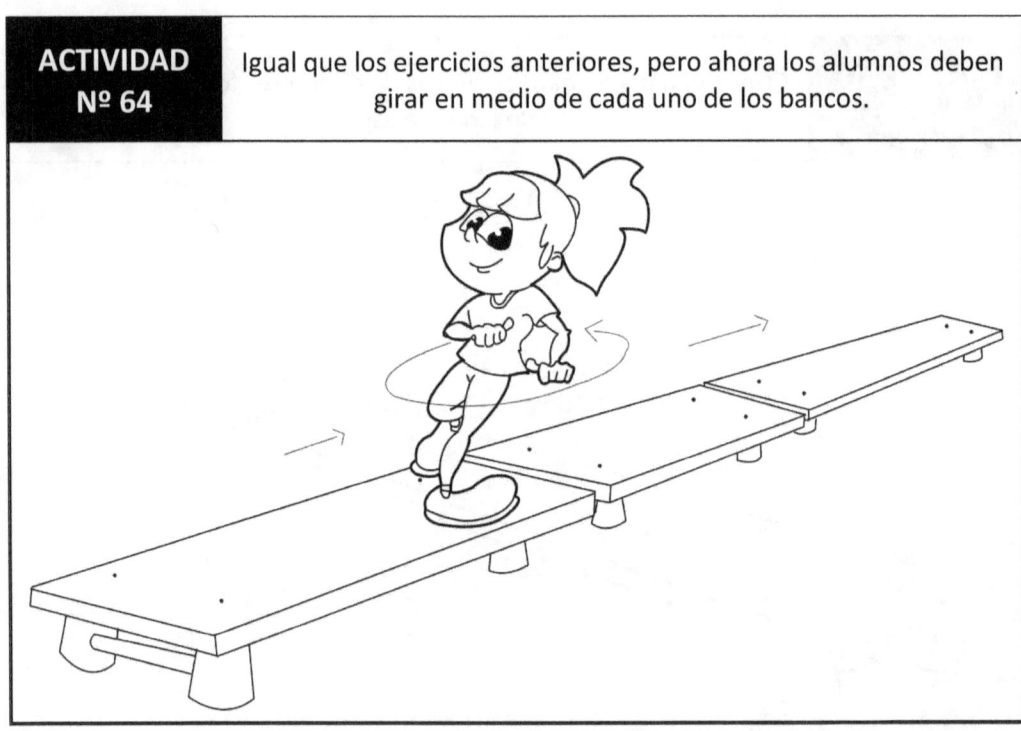

| ACTIVIDAD Nº 65 | Cruzar al lado contrario del terreno de juegos colocando cada pie en un banco sueco. |

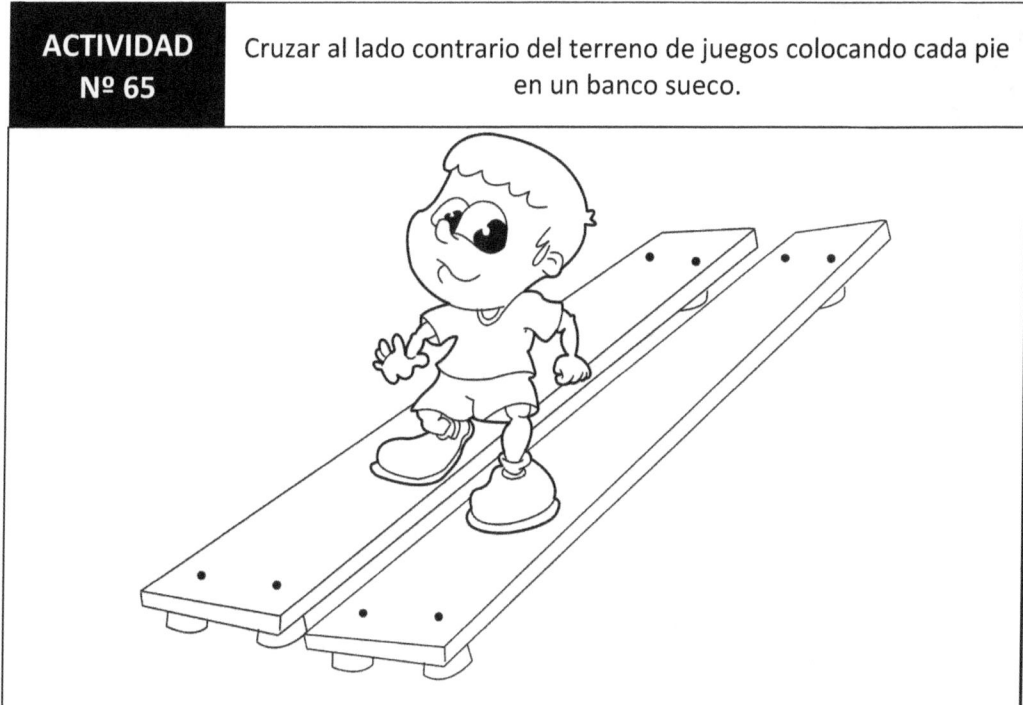

| ACTIVIDAD Nº 66 | Cruzar por encima de un banco sueco y, al llegar al final, cruzar al contrario sin caer y volver al punto inicial. Podemos pedir que el primer banco lo hagan andando hacia delante y el segundo hacia atrás. |

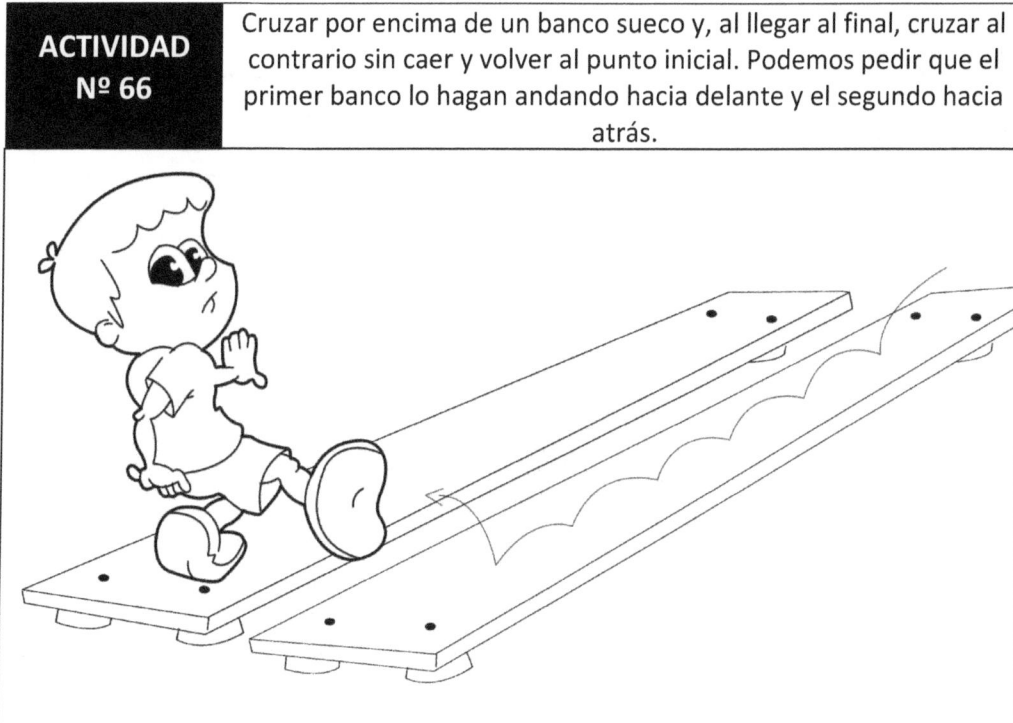

| ACTIVIDAD Nº 67 | Desplazarse por un banco sueco inclinado (apoyado sobre la espaldera) en diferentes posiciones: de frente, de lado, de espaldas... Bajar por la espaldera. |

| ACTIVIDAD Nº 68 | Subir y bajar por un banco sueco inclinado de forma diferente: subir de frente y bajar acostados, subir en cuclillas y bajar sentados... |

| ACTIVIDAD Nº 69 | Subir y bajar por un banco sueco inclinado en cuadrupedia. Podemos cambiar la dirección: de frente, hacia atrás, de lado... |

| ACTIVIDAD Nº 70 | Igual que el ejercicio anterior, pero ahora subimos y bajamos en cuadrupedia invertida. |

ACTIVIDAD Nº 71 — Subir por una espaldera hasta un banco sueco inclinado y descender por éste de la manera que indica el profesor: de pie, acostados, en cuadrupedia...

ACTIVIDAD Nº 72 — Igual que el ejercicio anterior, pero ahora bajamos como si el banco sueco fuese un tobogán.

ACTIVIDAD Nº 73 — Por parejas, desplazarse por una espaldera manteniendo siempre la misma separación entre ambos (subir y bajar, hacia los lados...)

ACTIVIDAD Nº 74 — Jugar a "Tú la llevas". Los alumnos pueden salvarse si se suben a la espaldera.

| ACTIVIDAD Nº 75 | Desplazarse hacia los lados por una espaldera y, en la marca situada por el profesor, girar sobre nosotros mismos sin perder el equilibrio. |

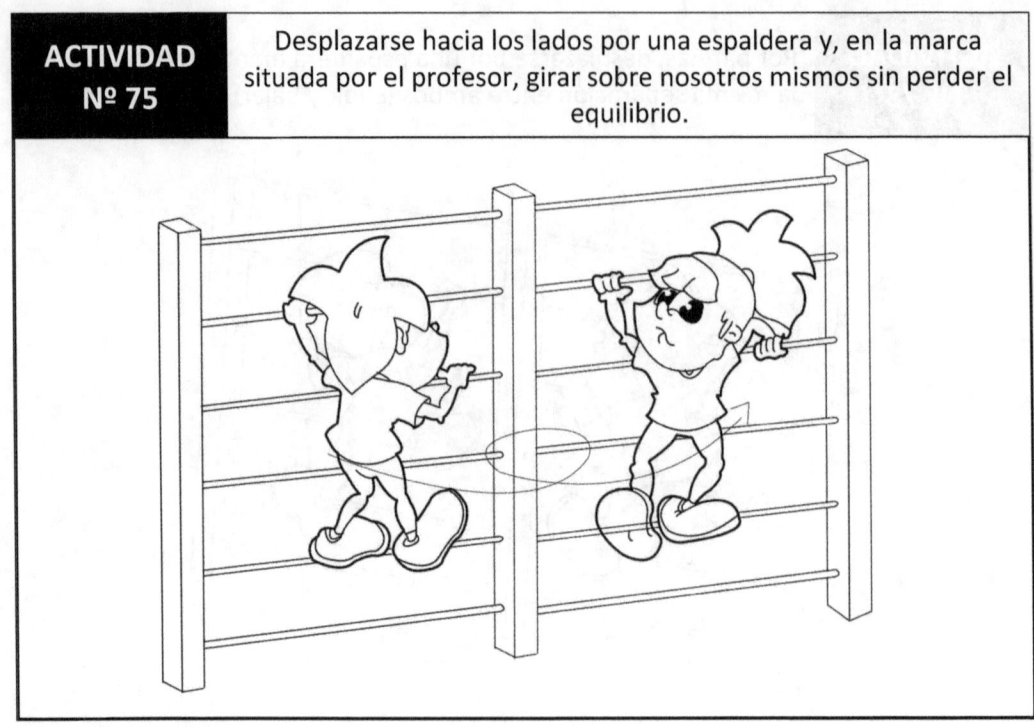

| ACTIVIDAD Nº 76 | Igual que el ejercicio anterior, pero ahora subimos las piernas y nos quedamos colgados únicamente de los brazos. |

ACTIVIDAD Nº 77 — Desplazarse junto a una fila de aros botando un balón de baloncesto en cada uno de ellos.

ACTIVIDAD Nº 78 — Individualmente, o por parejas, botar un balón de baloncesto muy alto mientras vamos corriendo y atraparlo lo más alto posible.

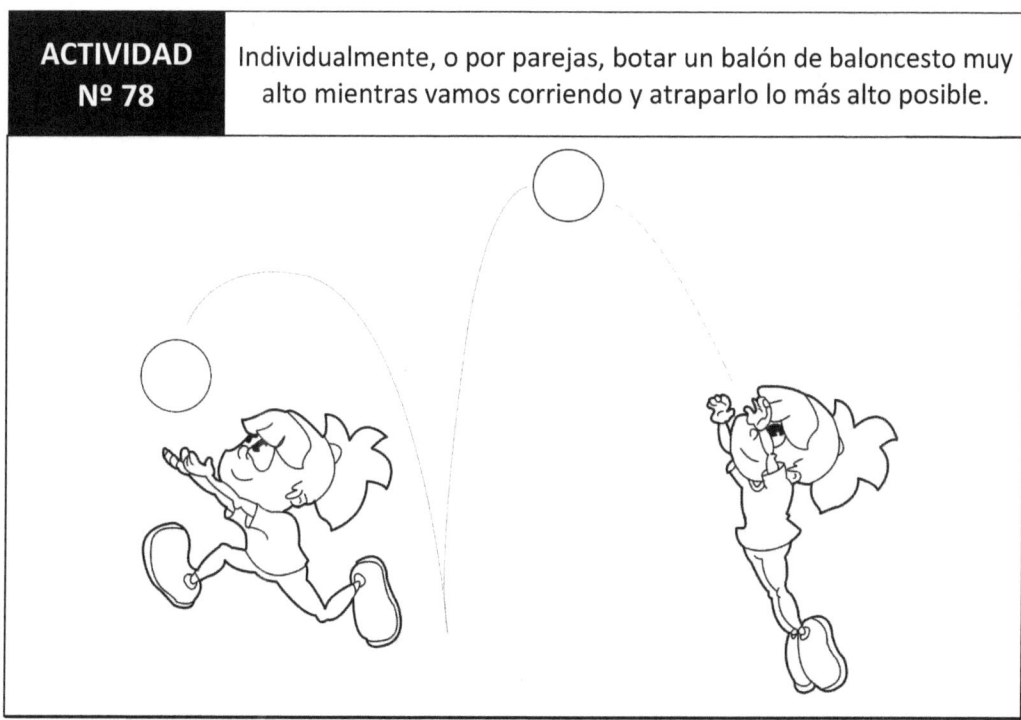

| **ACTIVIDAD Nº 79** | Igual que el ejercicio anterior, pero ahora lanzamos la pelota contra una pared y tenemos que recogerla (o nuestro compañero) antes que caiga al suelo. |

| **ACTIVIDAD Nº 80** | Igual que el ejercicio anterior, pero ahora realizamos el lanzamiento con el pie y nuestro compañero tiene que atrapar la pelota antes de que toque el suelo de nuevo. |

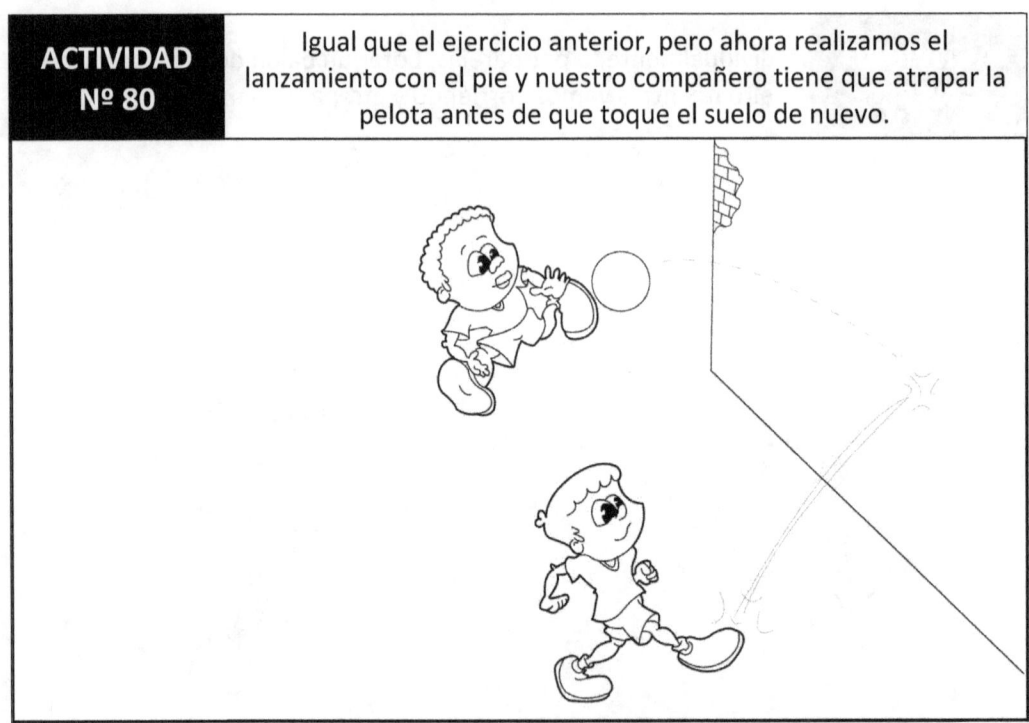

| ACTIVIDAD Nº 81 | Por parejas, pasarse un balón de baloncesto mientras nos movemos por todo el terreno de juego. Probar a realizar pases cortitos y de larga distancia. |

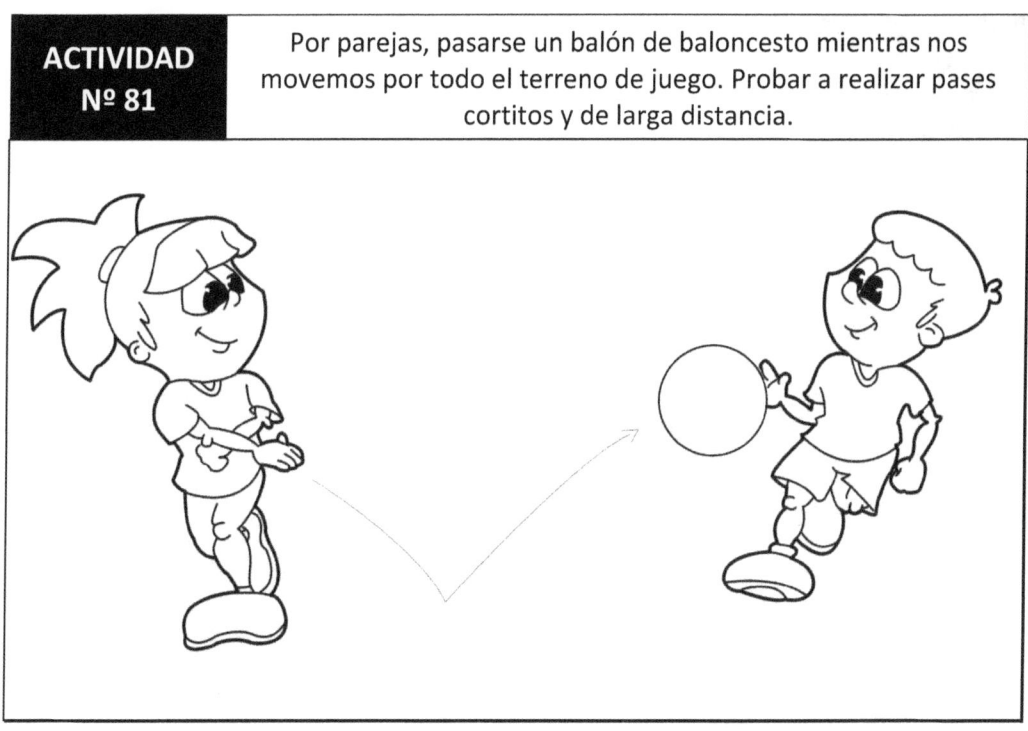

| ACTIVIDAD Nº 82 | Individualmente, con una pelota de tenis, lanzarla al aire y dejar que bote un número de veces (una, dos, tres…), atrapándola antes que dé más botes. |

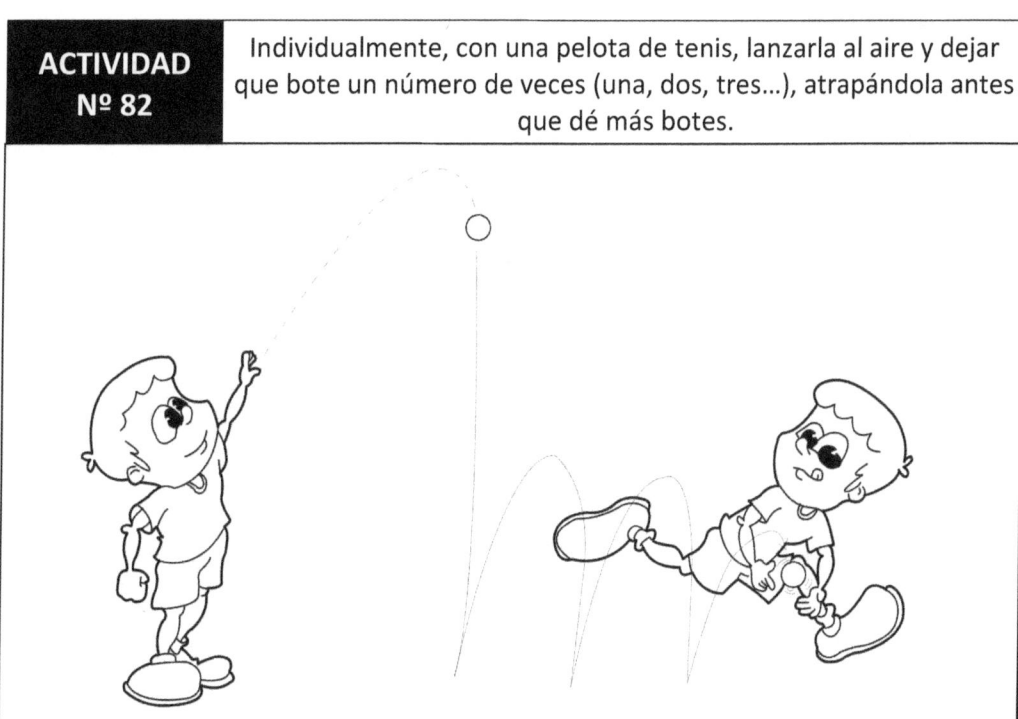

| ACTIVIDAD Nº 83 | Correr libremente por el terreno de juego saltando los aros que el profesor a repartido de forma aleatoria. |

| ACTIVIDAD Nº 84 | Igual que el ejercicio anterior, pero ahora lo hacemos como una carrera de relevos y situamos los aros fila. |

| ACTIVIDAD Nº 85 | Dos equipos enfrentados, cada uno con una cesta de balones. A la señal del profesor hay que ir a la cesta contraria y robar una pelota. Al final del tiempo establecido contaremos el número de ellas que hay en cada cesta. |

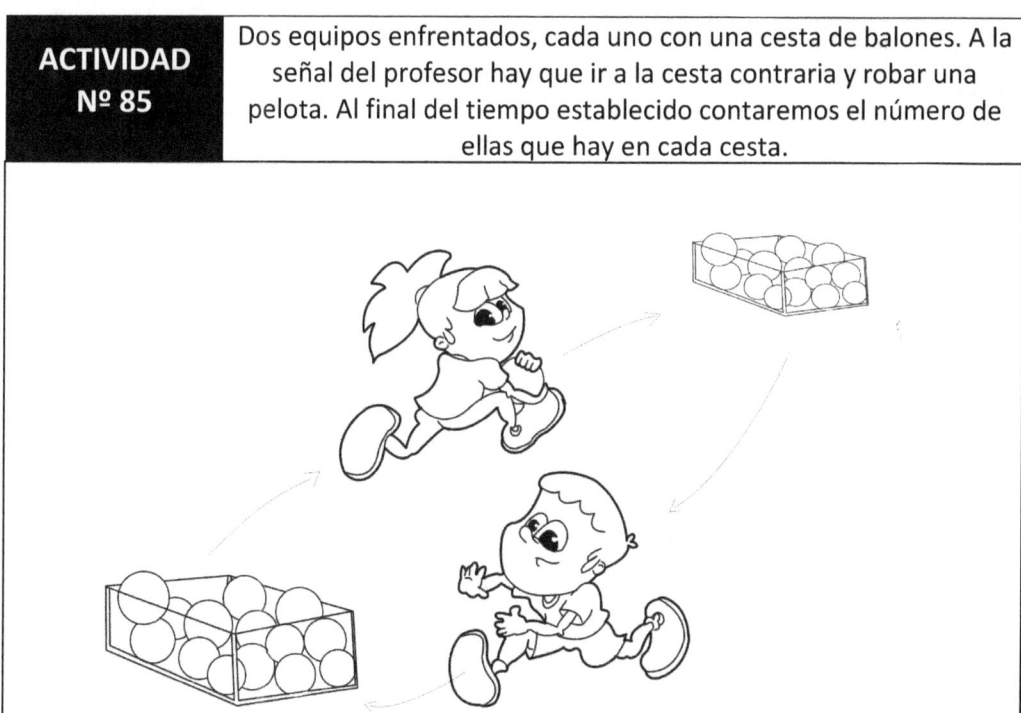

| ACTIVIDAD Nº 86 | Carrera de relevos en la que el testigo es un balón que hay que transportar de formas diferentes: muy alto, muy bajito, dentro de la camiseta, a la espalda... |

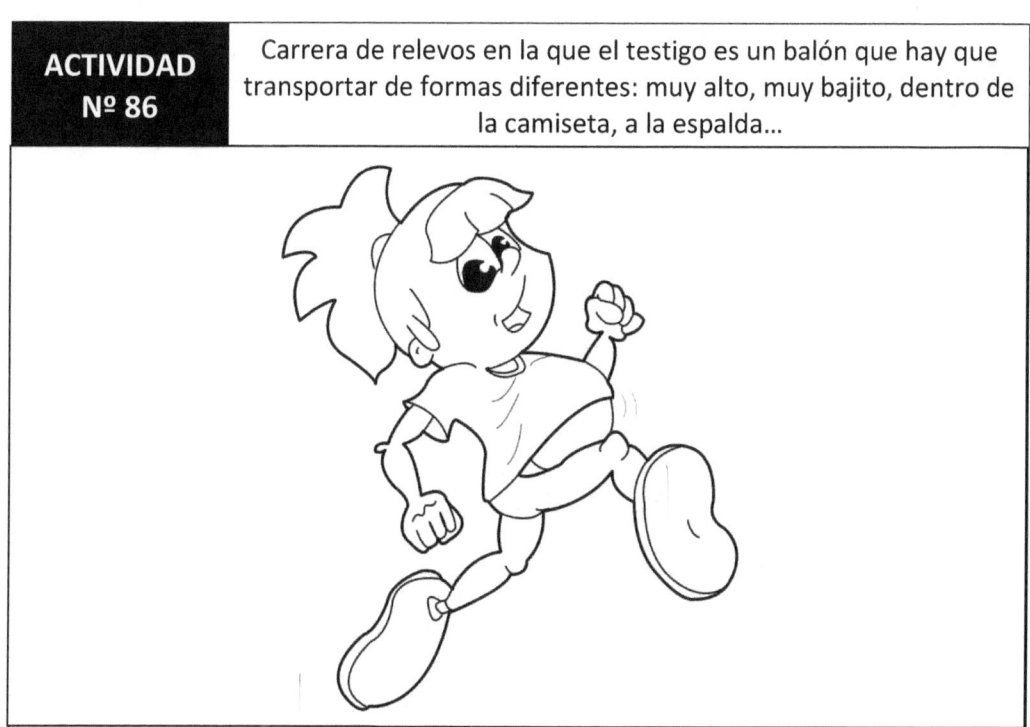

ACTIVIDAD Nº 87

Desplazarse por las líneas del terreno de juego con un balón sobre la palma de la mano. Cuando nos cruzamos con otro compañero podemos golpear su balón para que nos deje paso.

ACTIVIDAD Nº 88

Individualmente, dejarse caer sobre una colchoneta y hacer la cuna sobre la espalda sin que se nos escape el balón.

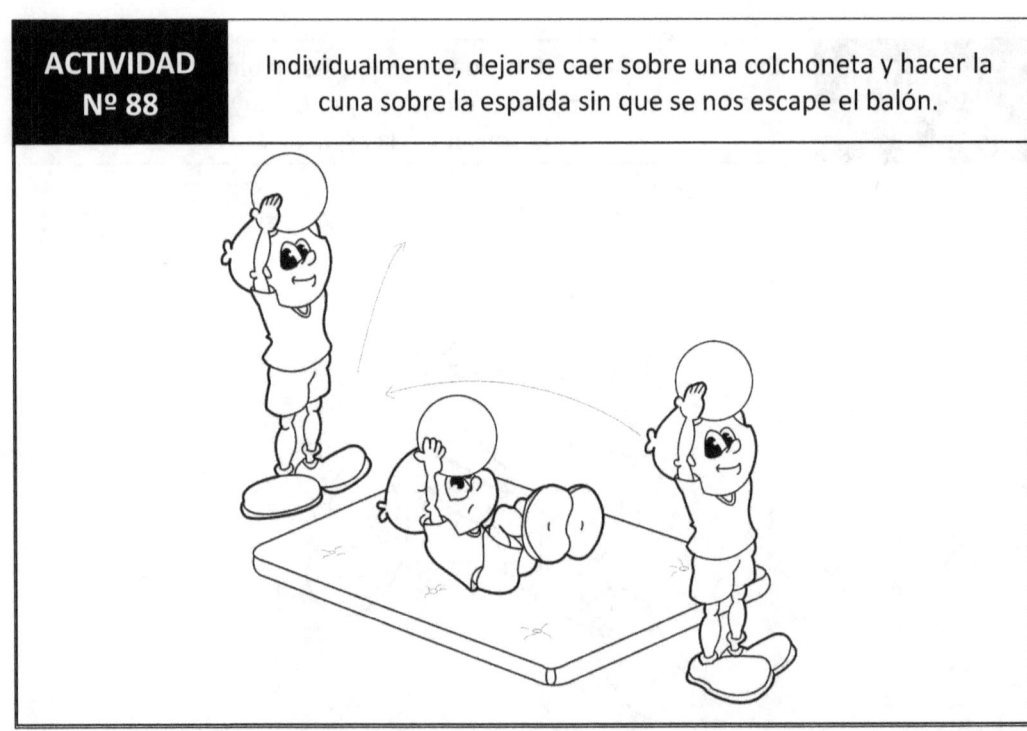

ACTIVIDAD Nº 89

Individualmente con un balón, mantenerlo en equilibrio sobre la palma de la mano mientras nosotros, a la vez, nos mantenemos en equilibrio en cuclillas, a pata coja...

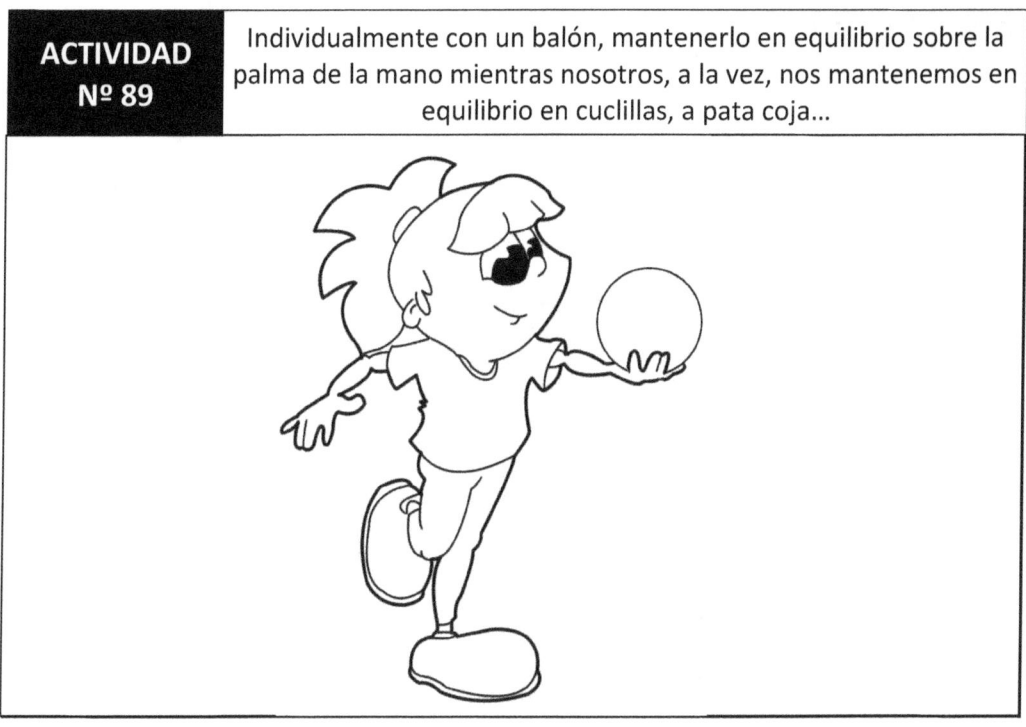

ACTIVIDAD Nº 90

Hacer la "croqueta" (girar acostados como si fuésemos un palo) sobre una colchoneta.

| **ACTIVIDAD Nº 91** | Realizar una carrera en la que hay que transportar una colchoneta sin que toque el suelo. |

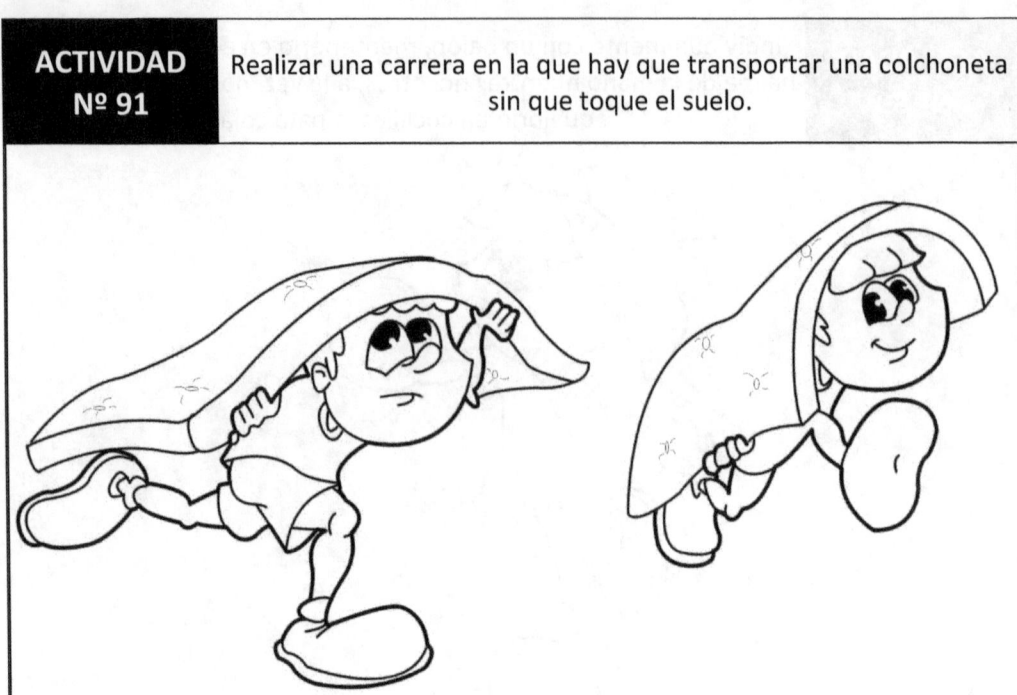

| **ACTIVIDAD Nº 92** | Carrera en la que acumulamos un objeto en cada viaje y lo tenemos que llevar sobre una colchoneta sin que caigan al suelo. |

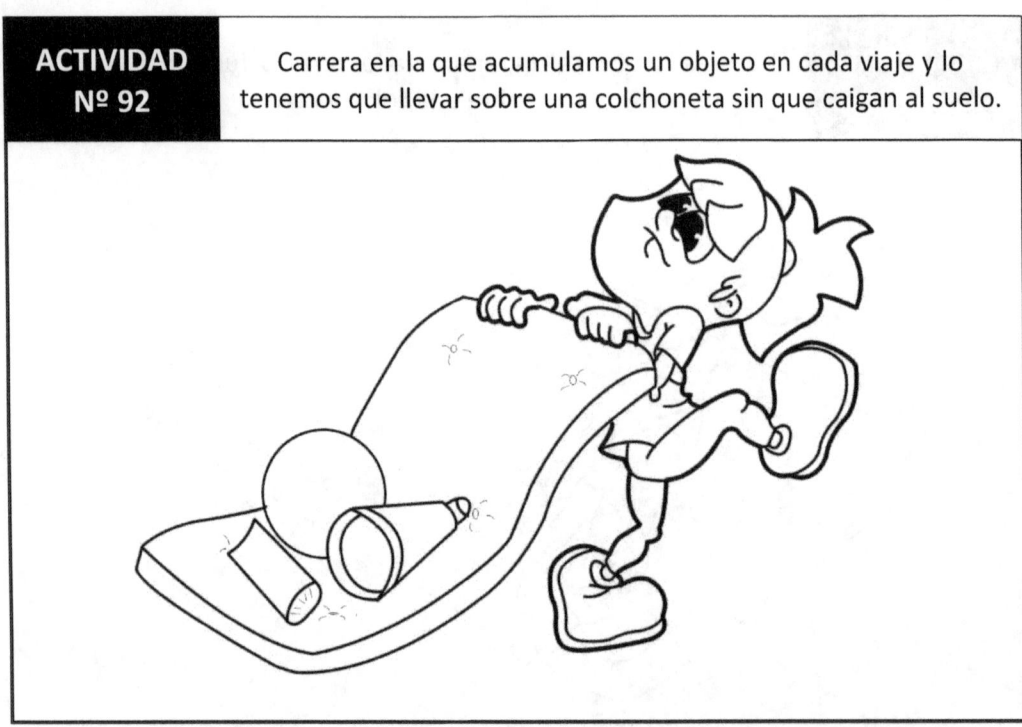

ACTIVIDAD Nº 93 — Carrera de relevos en la que transportaremos a un componente del equipo diferente en cada viaje.

ACTIVIDAD Nº 94 — Lucha de equipos en la que cada uno tira de la colchoneta intentando arrastrar al contrario hacia su terreno.

| ACTIVIDAD Nº 95 | Desplazarse por un terreno de juego repleto de colchonetas intentando saltarlas sin tocarlas. |

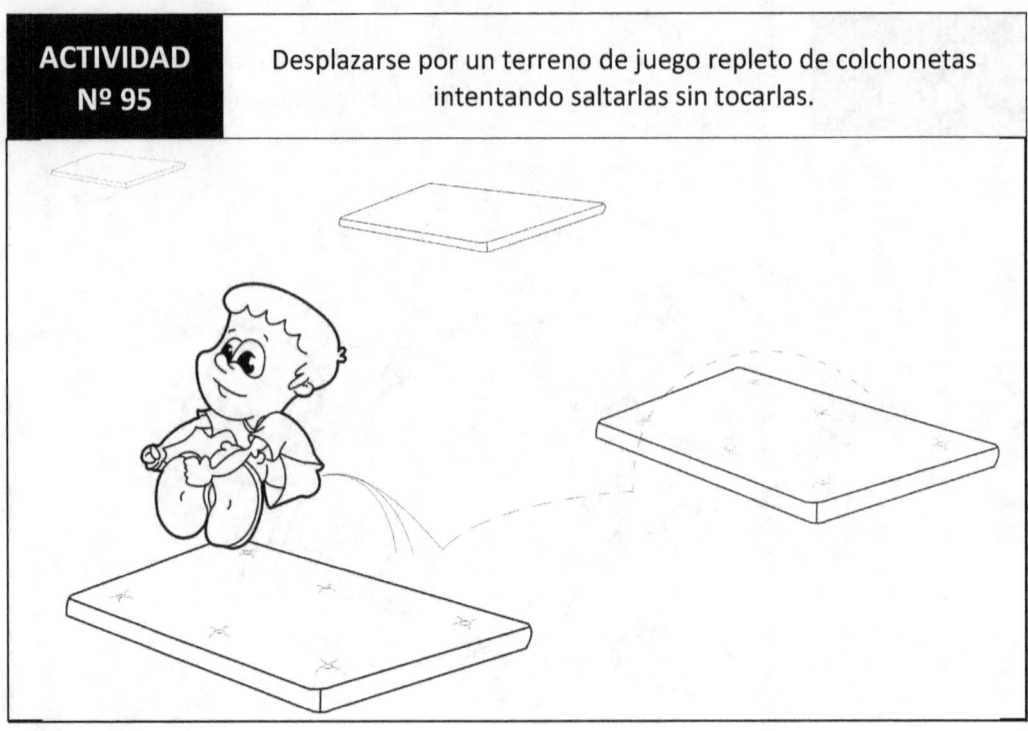

| ACTIVIDAD Nº 96 | Igual que el ejercicio anterior, pero ahora sólo se permitirá pisarlas el número de veces que indique el profesor antes de salir de ellas (un salto dentro, dos, tres...) |

| ACTIVIDAD Nº 97 | Desplazarse saltando lo más cerca posible de los bordes de una colchoneta sin salirse. Realizar los saltos con los dos pies, a pata coja... |

| ACTIVIDAD Nº 98 | Tras colocar una fila de picas, desplazarse entre ellas corriendo lo más rápido posible y dando un paso entre cada una de ellas. |

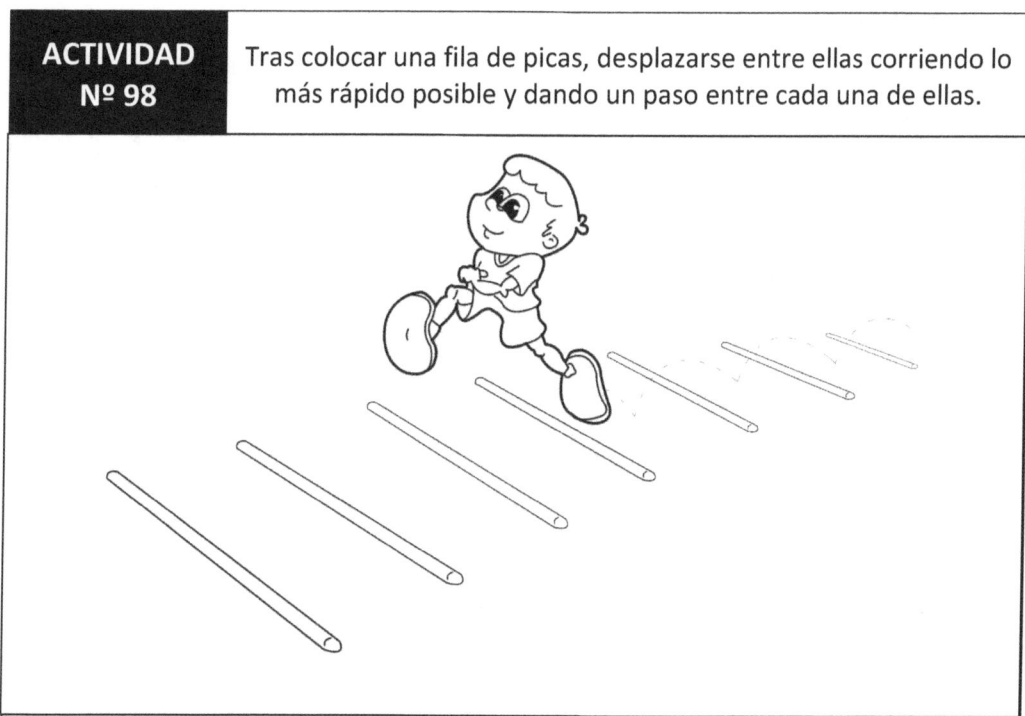

| ACTIVIDAD Nº 99 | Igual que el ejercicio anterior, pero ahora dejaremos que los alumnos inventen otras maneras de cruzar las picas (de lado, saltando a pies juntos, a pata coja...) |

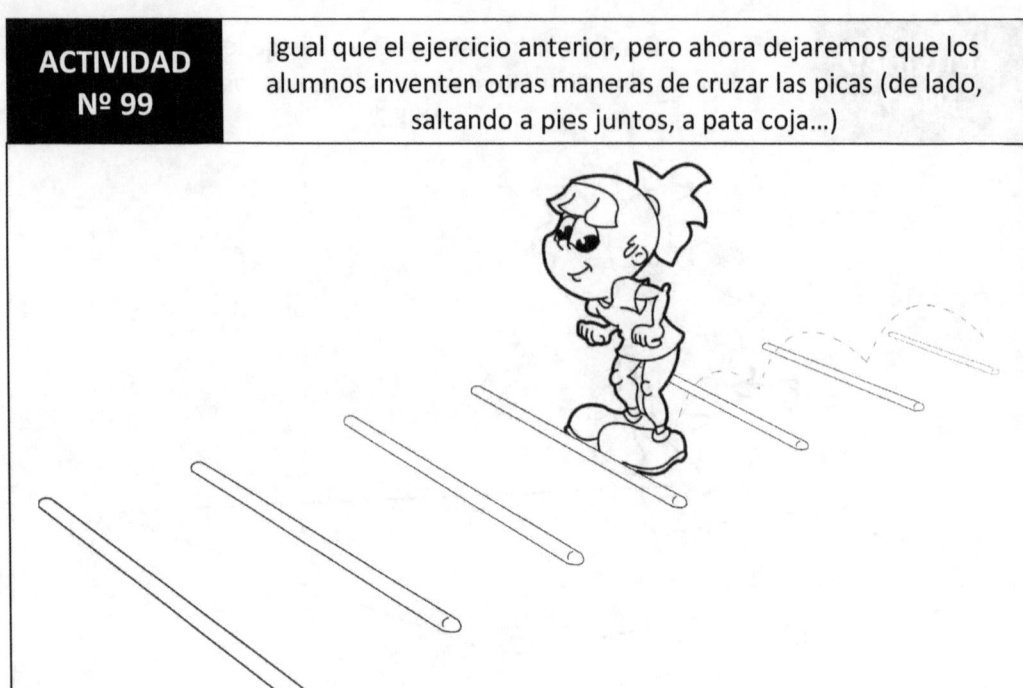

| ACTIVIDAD Nº 100 | Tras colocar una fila de picas, desplazarse entre ellas en cuadrupedia sin moverlas. |

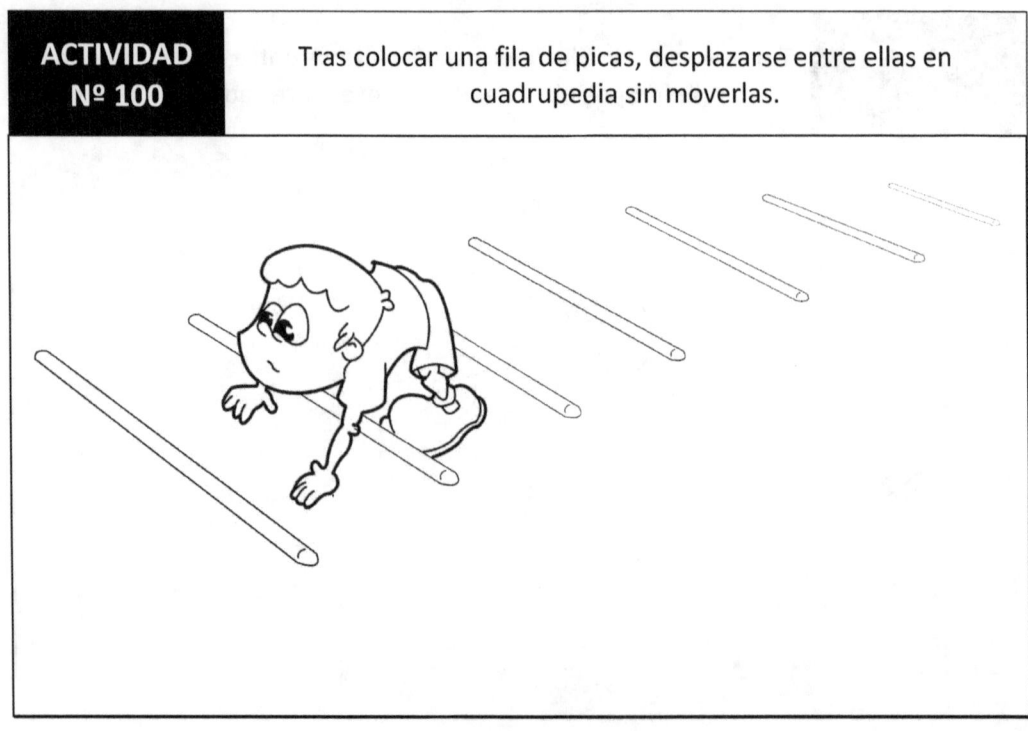

ACTIVIDAD Nº 101 — Igual que el ejercicio anterior, pero ahora nos desplazaremos en cuadrupedia invertida.

www.ingramcontent.com/pod-product-compliance
Lightning Source LLC
Chambersburg PA
CBHW082119230426
43671CB00015B/2738